Maud Churton Braby

ie moderne Ehe und wie man sie ertragen soll

DOGMA

Maud Churton Braby

Die moderne Ehe und wie man sie ertragen soll

ISBN/EAN: 9783954540228

Auflage: 1

Erscheinungsjahr: 2013

Erscheinungsort: Bremen, Deutschland

Maud Churton Braby

ie moderne Ehe und wie man sie ertragen soll

DOGMA

Inhaltsverzeichnis

*„Das Thema der Ehe wird zu sehr im Dunkel gehalten.
Laßt freie Luft ein! Laßt freie Luft ein!"*

George Meredith.

I. Die Unbefriedigtheit der Geschlechter

*„Das Gespenst der Ehe harrt, entschlossen und furchtbar,
an den Kreuzwegen."*

R. L. Stevenson.

Seit Frau Mona Caird die Institution der Ehe in der Westminster Review angriff und der großen Diskussion im Daily Telegraph über die Frage: „Ist die Ehe ein Mißgriff?" Bahn brach, ist die Ehe die immerwährende, unversiegbare Quelle für Zeitungsbriefecken und verbrauchte Subredakteure gewesen. In der flauen, sauren Gurkenzeit braucht der niedrigste Zeitungsskribent nur eine Spalte über dieses Thema loszulassen und gleichviel, ob es eine ernste Abhandlung über „Die Vollkommenheit der Polygamie" oder eine banale Diskussion über das Thema: „Sollen die Ehemänner den Tee zu Hause trinken?" ist, es wird unvermeidlich das gewünschte Resultat erzielen und die unzähligen Spalten der Zeitung wochenlang mit Zuschriften versehen. Die Leute interessieren sich immer für die Ehe, entweder vom objektiven oder subjektiven Standpunkt aus, und das mag mich entschuldigen, wenn ich noch ein Buch über dieses abgedroschene, jedoch immer fruchtbare Thema wage.

Das Ehethema scheint jetzt mehr denn je in der Luft zu liegen, überall wird es diskutiert, und sehr wenige Leute haben etwas Gutes darüber zu sagen. Der oberflächlichste Beobachter muß gemerkt haben, daß in der Mehrheit eine wachsende Furcht vor dem Ehejoch, besonders unter den Männern besteht, und eine wesentliche Unzufriedenheit und Unruhe unter den verheirateten Leuten, besonders unter den Frauen. Was ist mit dieser Generation geschehen, daß die Ehe in ihren Augen so abschreckend wirkt? Von allen Seiten hört man, wie sie herabgesetzt und ihre Notwendigkeit in Frage gestellt wird. Von der Kanzel bemüht sich die Geistlichkeit, die Heiligkeit der Institution aufrecht zu erhalten, und ermahnt unaufhörlich jede Gemeinde, sie zu achten und heilig zu halten. Aber die Berichte der Ehegerichtshöfe liefern eine bedenkliche Lektüre, und jeder Rechtsanwalt wird aus seinen persönlichen Erlebnissen erzählen, daß die glücklichen Verbindungen bedeutend in Abnahme begriffen sind, und einige der größten zeitgenössischen Denker stimmen einen Chor der Verdammung gegen die Ehe der Jetztzeit an.

Tolstoi sagt: „Die Beziehungen zwischen den Geschlechten suchen eine neue Form, die alte zerfällt in Stücke". In dem handschriftlichen Nachlaß Ibsens, jenes tiefen Kenners der menschlichen Natur, kommt die folgende bemerkenswerte Stelle vor: „Das Wort ‚freigeborene Menschen‘ ist eine retorische Phrase, sie existieren nicht, denn die Ehe, das Verhältnis zwischen Mann und Weib, hat die Rasse verdorben und allen das Zeichen der Sklaverei aufgedrückt." Vor nicht langer Zeit erregte auch der größte Moralist des neuen England, George Meredith, eine ungeheure Sensation durch seinen Vorschlag, daß die Ehe ein zeitweises Abkommen mit einer Minimalfrist von, sagen wir, zehn Jahren sein solle.

Es ist klar, daß die Zeit für eine solche umstürzlerische Änderung noch nicht gekommen ist, aber wenn die Anzeichen und Symptome der letzten zwei Jahrzehnte nicht trügen, können wir mit Sicherheit annehmen, daß die Zeit dafür kommen wird und daß die gegenwärtigen gesetzlichen Bestimmungen des Ehebandes in irgend einer Weise abgeändert werden müssen.

Vor fünfzehn Jahren gab es eine plötzliche umstürzlerische Strömung gegen diese Bestimmungen und ein erneutes Interesse an der sexuellen Frage zeigte sich in dem Emporwuchern von „Tendenzromanen", eine Bezeichnung, die später als Vorwurf angewendet wurde. Ich kann mich erinnern, wie ich als Schulmädchen die durch ein solches Buch hervorgerufene Erregung mitmachte und bitter enttäuscht war, als meine erzürnte Gouvernante, die sich für dieses reizvolle Thema offenbar nicht zu interessieren schien, mir das Buch strengstens verbot. Eine Schar von Nachahmern folgten diesen ersten literarischen Verstößen. Einige davon waren total unliterarisch, und alle boten einen unfehlbaren Wegweiser durch das verwirrende Labyrinth der Ehe. Noch ärger war die darauf folgende unvermeidliche Reaktion, als der Realismus in der Dichtung in Acht und Bann erklärt wurde und die krankhafte Romantik das Feld beherrschte. Der Kultus der Familienliteratur war bald wieder in vollster Blüte. Dann folgte eine Lawine von unerträglich albernen und kindischen Zeitschriften, in denen das Wort „Geschlecht" direkt verrufen und das erstrebte Ideal offenkundig das gerade Gegenteil des wirklichen Lebens war. Sonderbar, wie plötzlich das sexuelle Thema aus den Spalten der Presse verschwand. Die Psychologie war abgetan und die Intriguen waren an der Tagesordnung. Viele damals wohlbekannte und als feine Charakterschilderer renommierte Autoren verschwanden von den Inhaltsverzeichnissen der Zeitschriften und den Verlegerlisten, während seichte Schriftsteller, die weitschweifige Detektive- und Abenteurergeschichten erzählen konnten, in die Halme schossen.

Es fehlt nicht an Symptomen, daß das Pendel des öffentlichen Interesses nun wieder zurückgeschwungen hat, eine Strömung des Realismus in der Dichtung kommt auf und die Forderung der Neugestaltung der Ehebande dürfte demnächst erhoben werden. Jedoch das Pendel wird noch oft hin und herschwingen müssen, bevor es den Beziehungen zwischen den Geschlechtern gelingen wird, jene neue Form zu finden, von der Tolstoi spricht. Es bleibt abzuwarten, was die eben erwähnte Wiederbelebung ausrichten wird. Was erreichte die letzte Agitation? Im Praktischen nichts. Einige wenige Frauen mögen zu ihrem unauslöschlichen Kummer angeregt worden sein, in den Fußstapfen der Herminia aus Grant Allens Roman zu wandeln. Und eine Menge frühreifer junger Mädchen, die die Literatur jener Tage gelesen haben, verursachen möglicherweise ihren Eltern einige Angst durch ihre revolutionären Ideen über den Wert des heiligen Ehestandes. Aber welche von jenen vorgeschrittenen Dämchen erinnerte sich an die Bergpredigt als das für das weibliche Herz so unwiderstehliche Trio nahte — der Ring, die Ausstattung und das eigene Heim — ganz zu geschweigen von dem zuverlässigen, gewichtigen in Aussicht stehenden Gatten? Jedoch sind in den vierzehn Jahren, die seit dem Erscheinen der „Frau, die es tat" verflossen, gewiß einige Änderungen vorgegangen. Vor allem ist es offenbar noch schwerer, sich anständig durchzubringen. Die Zeiten sind schlecht und das Geld selten. Die Männer sind jetzt sogar noch mehr abgeneigt, dem trällernden Engel durch die Heirat ein Heim zu bereiten, und es ist ein Typus von Frauen entstanden, der der Ehe scheu gegenüber steht und ihre vielen Gefahren um ihrer problematischen Freuden willen herzlich ungern riskiert. Das Bemerkenswerteste von allem ist die wachsende gegenseitige Unbefriedigtheit der Geschlechter. Die Männer vermeiden die Ehe nicht nur wegen ungünstiger finanzieller Verhältnisse oder weil die Beschränkungen des Ehejochs ihnen irgendwie lästiger sind als früher, sondern weil sie die Frau nicht finden können, die sich ihrem Ideal genügend nähert. Die Frau hat in den letzten zwei Generationen solche Fortschritte gemacht, ihr Gesichtskreis hat sich so erweitert, ihr Geist so entwickelt, daß sie sich sehr weit von dem Ideal des Mannes entfernt hat und der Mann daher zögert, sie zu heiraten. Es liegt etwas Komisches in dieser Situation und ich bin überzeugt, daß die Götter an der olympischen Tafel über diese verfahrene Ehe des zwanzigsten Jahrhunderts lachen würden.

Ein anderer Grund, warum sich die Männer um soviel seltener verlieben als früher, muß zum großen Teil dem Niedergang der Phantasie zugeschrieben werden, und obgleich die Frauen in der Hauptsache ebenso sehr zu heiraten trachten wie nur je und es allgemein bekannt ist, daß sich die modernen jungen Frauen um den modernen jungen Mann übermäßig bemühen, haben die Beweggründe für dieses Treiben nichts mit den durch die Zeit geheiligten Liebesmotiven zu schaffen. Die Ehe bringt Unabhängigkeit und eine gewisse gesellschaftliche Stellung: aus diesen Gründen begehren die Frauen sie. Marriot Watson hat dies in knapper Weise ausgedrückt: „Die Frauen wollen e i n e n Mann heiraten, die Männer heiraten d a s Weib." Nichtsdestoweniger sind die Frauen selbst jetzt mehr geneigt, sich zu verlieben als die Männer, weil sie jene Fähigkeit der Einbildungskraft besser bewahrt haben, welche möglicherweise auch den Grund der Enttäuschung und der Unzufriedenheit der Frauen in der Ehe bildet.

Das Ende von all dem ist, daß die Männer und die Frauen einander entgegengesetzt geworden zu sein scheinen. Wie sehr sie auch das Geschöpf ihrer Phantasie lieben, scheint eine Art verhüllten Mißtrauens zwischen den Geschlechtern im großen und ganzen, aber besonders auf seiten des Mannes vorzuwalten — vielleicht, weil der Mann der Frau nötiger ist, als die Frau dem Mann. Diese Feindseligkeit gegen die Frau kann man besonders in den Spalten der Tagespresse beobachten. Es vergeht kaum eine Woche, daß nicht ein Journalist des edleren Geschlechtes seinen Spott über das untergeordnete Geschlecht, dem seine Mutter angehört, in spaltenlangen, meisterhaften Schmähungen über diese oder jene Eigenschaft ergießt. Jedem Artikel folgt eine leidenschaftliche Korrespondenz, in welcher „ein überdrüssiger Papa", „ein hoffnungsloser Ehemann", „ein eingeschüchterter Bruder" und der unvermeidliche „Zynikus" dem Verfasser die lebhafteste Zustimmung zollen, während eine „glückliche Mutter von sieben Töchtern" und ein „Verehrer des schönen Geschlechts" in verschiedenen

Zuschriften seine sofortige Abschaffung und öffentliche Ungnade verlangen.

Die Liste der Fehler, welche die Männer an den Frauen finden, ist endlos. Der eine behauptet, daß die Frauen bloß häusliche Maschinen sind und ungeeignet, einem intelligenten Mann Gefährtin zu sein, da sie sich nicht über die ihre Dienstboten und Kinder betreffenden Gespräche erheben können; ein anderer behauptet, daß sie bloße Blaustrümpfe sind, die nach einer unerreichbaren Geistigkeit streben; ein dritter, daß sie nur leichtfertige Puppen ohne Herz und Geist sind, die in der Jagd nach Vergnügungen ganz aufgehen; und ein vierter, daß sie geschlechtslose, derbe, schlechtgekleidete männliche Ungeheuer sind.

Nach den Behauptungen der Verfasser der Zeitungszuschriften zu urteilen, sind die Frauen zugleich abgeschmackt männlich, jämmerlich weiblich, lächerlich geistig, abstoßend athletisch und aufreizend leichtfertig. Dem Äußern nach sind sie entweder dürre, hagere, plattfüßige Laternenpfähle, oder aufgeputzte, verschnürte, geschminkte Puppen. Ihre Extravaganzen lassen sich nicht wiedergeben. Wenn sie zu jener Klasse der Gesellschaft gehören, die man gewöhnlich unter Gänsefüßchen anführt, dann rauchen, trinken, spielen und fluchen sie unaufhörlich. Sie vernachlässigen ihre Kinder und ihr Haus, sie haben wenig Prinzipien und noch weniger Vernunft, keine Moral, kein Herz und absolut keinen Sinn für Humor.

„Aber", wird der aufmerksame Leser vielleicht ausrufen, „das ist ja nichts Neues. Seit der erste Mann aus der ersten Klemme dadurch herauskam, daß er der einzigen verfügbaren Frau die Schuld zuschob, ist die

Frau immer das Lieblingsventil für die Mißlaunigkeit des Mannes gewesen." Allerdings kann die Zeit nicht die unendliche Mannigfaltigkeit der weiblichen Vergehen aufheben, wie sie sich in den Augen des Mannes spiegeln. Die Tradition hat das Thema geweiht, und die Gewohnheit erhält es. Und wenn die Posaune des jüngsten Gerichtes erschallen wird, wird der letzte lebende Mann darüber murren, daß das Weib in seinem abscheulichen Eigennutz ihn allein gelassen hat, und der letzte Tote, der auferstehen soll, wird beim Erwachen darüber fluchen, daß seine Frau ihn nicht früher geweckt hat!

Aber früher bemängelte der Mann die Fehler der Frau mehr in Form einer geistreichen Neckerei, so wie man die Seinen manchmal liebevoll verlacht. Es lag in seinen Schmähartikeln fast immer etwas von guter Laune, die jetzt fehlt. An ihrer Stelle kann man jetzt Bitterkeit und eine direkte Animosität bemerken. Die Männer nehmen den Aufstand der Frauen gegen die von den Männern geschaffenen Bedingungen offenbar ungnädig hin, und sie revanchieren sich dafür dadurch, daß sie sich weit seltener verlieben und sich noch mehr sträuben, in den Hafen der Ehe einzusegeln.

Sie kommen aber doch hinein, wenn auch in anderer Gemütsverfassung. Furchtsam und zitternd legt der verzagte moderne Liebhaber seinen neuen Frack an und schreitet zaudernd auf jenen Kampfplatz zu, wo ihn strahlend und siegreich das entschlossene Wesen erwartet, dessen Wille ihn soweit gebracht hat. Nein, nicht ihr Wille, sondern der geheimnisvolle Wille der Natur, der, stetig und in seinen Absichten unerschütterlich, sich nicht um unseren sexuellen Hader und

den Verlauf unserer kleinlichen Liebeleien und Gehä-
ßigkeiten kümmert. Die bombardierte, geschmähte,
durch viele tausend Angriffe verwundete und mit den
Sünden von Jahrhunderten befleckte Institution der
Ehe blüht weiter, denn, wie Schopenhauer sagt: „Die
zukünftige Generation in ihrer ganzen individuellen
Bestimmtheit ist es, die sich mittelst jenes Treibens
und Mühens ins Dasein drängt." Der „Wille zum Leben" wird immer das letzte Wort haben.

II. Warum Männer nicht heiraten

„Wenn ihr die Auslese der Menschheit haben wollt, nehmt
einen guten Hagestolz und eine brave Frau."

„Es gibt wahrscheinlich nicht Hitzköpfigeres und Tolleres
in dem Leben eines Mannes als die Verheiratung."

R. L. Stevenson.

„Was immer man auch gegen die Ehe sagen mag, sie ist
jedenfalls ein Experiment."

Oscar Wilde.

„Alle Männer verheiraten sich und keines der Mädchen," soll eine flatterhafte Dame einmal gesagt haben, und man versteht, was sie damit ausdrücken
wollte. In einer Zeitungsbriefecke über die Ehe las ich
einmal folgende bemerkenswerte Stelle: „Heutzutage
ist es ganz anders, als wie ich ein Mädchen war. Damals hatte jeder Bursche seinen Schatz und jedes
Mädchen ihren Anbeter. Jetzt scheint es mir, daß die
Burschen keinen Schatz brauchen, und die Mädchen
keinen Anbeter finden können. Auf einen jungen

Mann, der die ernste Absicht hat, ein Mädchen zu heiraten, gehen zwanzig, die mit dem Mädchen bloß spielen, ohne darauf zu achten, daß es kompromittiert wird. Die Zeiten sind ungalant und bedürfen einer Verbesserung." Dieser Brief ist unterzeichnet: „Eine Arbeiterfrau". Es ist klar, daß er von einem Mitglied der Zeitungsgilde geschrieben wurde, welches der Signatur durch Anwendung des gewöhnlichen Ausdrucks „Anbeter" eine genügende Wahrscheinlichkeit zu verleihen glaubte. Aber trotz der Niederschrift auf Kommando sind die Behauptungen darin nur zu wahr: Die Zeiten sind wirklich ungalant und werden es immer mehr.

Vor nicht langer Zeit war ich in einer heiteren Gesellschaft, wo über die Tendenzen des modernen Mannes, nicht zu heiraten, diskutiert wurde. Jemand versetzte alle anwesenden Männer in gute Laune mit der Mahnung, daß ein Mann „dadurch, daß er hartnäckig ledig bleibt, sich in eine fortgesetzte öffentliche Versuchung verwandelt". Und da fünfzehn Junggesellen anwesend waren, wurde das Gespräch natürlich persönlich.

Einer, den ich Vivian nennen will, bemerkte galanterweise, daß alle reizenden Frauen verheiratet seien, und er so gezwungenermaßen ledig bleiben müsse. Ich erfuhr zufällig, daß er in eine verheiratete Frau gründlichst verliebt ist. Ein anderer, Lucian, ein sehr schöner und beliebter Mann in den Dreißigern, sagte, daß er die ernste Absicht habe, eines Tages zu heiraten, aber daß er vorher noch einige Jahre der Freiheit genießen wolle. Dorian behauptete ernstlich, daß er auf meine Tochter warten wolle (die jetzt achtzehn Monate alt ist), aber ich weiß im Vertrauen, daß sein

Fall ähnlich dem Vivians ist. Hadrians Verheiratung wäre wegen seiner Gesundheit ein Verbrechen. Wir wußten das alle, und so fragte ihn niemand darum. Dieselbe Diskretion wurde in bezug auf Julian beobachtet, von dem es allbekannt ist, daß er ein „unseliges Verhältnis" geschlossen und praktischerweise nicht das Recht hatte, zu heiraten. Florian hat vor einigen Jahren einen Korb bekommen und ist nun scheu und mißtrauisch gegen das schöne Geschlecht, was wirklich sehr schade ist, da er zu jener Art von Männern gehört, die für das Heim und die Familienfreuden wie geschaffen sind, und er eine Frau sehr glücklich machen würde.

Von Augustin und Fabian kann man wohl behaupten, daß „sie zu viele kennen gelernt haben, um bei einer bleiben zu wollen" — Und ich fürchte wirklich, daß sie sich für die Ehe verdorben haben, wenn nicht in jenem alten Spruche Wahrheit liegt, „daß ein gebesserter Lebemann den besten Ehemann abgibt." Endymion kommt alles in allem nicht in Betracht, da seine blauen Augen und seine breiten Schultern sein einziges Vermögen bilden. Er schlägt genügend Kapital aus diesen Beigaben, sie bringen ihm reichlich weibliche Gunst ein, aber sie genügen kaum, um eine Frau zu erhalten.

Claudian möchte wirklich gerne heiraten, aber er leidet unter einer verhängnisvollen Treulosigkeit, und wie er sehr einladend erklärt, kann er ein Mädchen nicht so lange lieben als die Vorbereitungen zur Heirat dauern. Er ist sicher, daß er eines Tages von irgend einer entschlossenen und wahrscheinlich wenig zu ihm passenden Frau geangelt und widerstrebend zum Altar geführt werden wird. Galahad will nicht heira-

ten, bis er nicht die „Eine, die Wahre, die Einzige"
gefunden haben wird, und ich fürchte, aus ihm wird
kein Ehemann mehr, denn der arme Galahad trägt
schon Brillen und einen Kahlkopf. Seine Anhänglichkeit an ein unerreichbares Ideal verspricht, ihm sein
Leben zu verderben.

Als ich an Aurelian die Frage stellte, lächelte er so
hämisch, daß er mehr denn je einem erbitterten Geier
glich und bemerkte, daß er im Begriff sei, seine Anträge zu überdenken und sich noch nicht klar sei,
welche der beste ist. Da die Tatsache, daß er von sieben Frauen abgewiesen wurde, allen bekannt ist, so
bewundern wir wirklich alle die Hartnäckigkeit seiner
Pose als Herzensbrecher. Man weiß sogar von ihm,
daß er sich selbst leidenschaftliche Briefe in verstellter
Handschrift schreibt und geschickt fabrizierte Tränen
hie und da auf sie fallen läßt, um diesen Meisterstü-
cken von Verliebtheit, die er als Beweis seiner vielen
Eroberungsgeschichten benützt, einen Anschein größerer Wahrscheinlichkeit zu geben. Wenn die Tränen
trocken sind, so sehen sie äußerst natürlich aus. Freilich ist es ein Kniff, den jedes Schulmädchen kennt,
aber ich habe nie zuvor einen Mann gekannt, der zu
ihm Zuflucht genommen hätte, und hoffe auch nie
wieder einen kennen zu lernen.

Cyprian und Valerian geben als Grund für ihr fortge-
setztes Jungesellentum die Tatsache an, daß es ihnen
in dieser Verfassung zu gut gehe, und sie nie das Bedürfnis nach einer Gattin gefühlt hätten. Der letztere
fügte hinzu, daß, wenn er gerade das „eine Mädchen"
finden würde, er ja die Sache überdenken könnte,
aber wie die Dinge stünden, zöge er die Gewißheit
den Chancen vor und wolle kein Risiko eingehen. Un-

ter uns gesagt, sind sie beide sehr selbstbewußt und egoistisch und ich glaube nicht, daß irgend eine Frau viel an ihnen verloren hat.

Der vierzehnte Jungeselle war Bayard, der zu einem sehr trostlosen Liebhabertypus gehört. Fast alle Frauen sind zu ihrem Leidwesen von ihm angelangweilt worden. Er hat die lästige Gewohnheit, überall und jedem weiblichen Wesen gegenüber seiner Sehnsucht nach einer Ehe idealster Sorte Ausdruck zu geben und jungen, im sicheren Hafen der Ehe gelandeten Frauen in weitschweifigster Weise anzuvertrauen, wie sehr er sich darnach sehne, einen Platz in dem Herzen einer guten Frau einzunehmen, und welch großer, reiner, leidenschaftlicher und ungestümer Liebe er fähig sei. Er hat geradezu etwas Sympathieerregendes und seine Haltung ist natürlich sehr anziehend für harmlose ältere Mädchen. Er ist immer in höchst bedrohlicher Weise in solche Beziehungen verstrickt, paradiert aber sehr mit seiner Armut und macht sich wieder glücklich frei, wenn die Angelegenheit einen kritischen Punkt erreicht hat, gewöhnlich ohne irgendwelche mißliebige Auseinandersetzungen. Wenn jedoch die Dinge schon zu weit gediehen sind, um das zu ermöglichen, kann er ein Zurücktreten immer ganz leicht dadurch gestalten, daß er sagt: „Ich liebe dich zu sehr, mein Schatz, um dich mit in die Armut hinein zu ziehen." Wie viele Mädchen haben nicht, im tiefsten Herzen verwundet, diese abgedroschene Lüge mit anhören müssen, wo sie doch mehr denn je gewillt waren, seinetwegen arm zu werden, zu kargen, zu sparen und zu verzichten. Nicht etwa, daß Bayard und seinesgleichen eine solche Ergebung einflößen! Ich meine, daß die Hauptbestandteile dieser besonderen Ausrede von sehr vielen unverheirateten Männern heutzutage als der Grund ihres Junggesellentums angegeben werden. Im allgemeinen gesprochen gibt es zwei Hauptgründe, warum die Männer nicht heiraten: 1. weil sie noch nicht die Frau gefunden haben, für die sie sich genügend interessieren, 2. — und diese bilden die Majorität —, weil sie zu selbstsüchtig sind. Natürlich drücken die Männer das anders aus; wie Bayard sagen sie, „sie können es nicht erschwingen." Sie denken an all die Dinge, die sie aufzugeben hätten, und wie schwer es ist, heutzutage genug für sein Vergnügen zu haben, wie unmöglich es dann sein würde, wenn man noch eine Frau und eine Familie dazu zu erhalten hätte; wie sie das Pokerspiel aufgeben, einen billigeren Schneider finden und an Golfbällen sparen müßten. Sie schaudern bei dieser Aussicht zusammen und entscheiden in der ausdrucksvollen, üblichen Sprechweise des Tages, daß „sie es nicht dick genug haben." Die Dinge, welche über allem Preis stehen, werden gegen jene gewogen, die man mit Geld erkaufen kann und — für nötig findet.

Es wäre jedoch die größte Tollheit, wenn man unkluge Heiraten ermutigen wollte, die ohnedies schon eine Quelle von so viel Elend sind, und natürlich beziehen sich meine Ausführungen nicht auf die echte Armut jenes Mannes, der es sich wirklich nicht leisten kann, zu heiraten. Für ihn habe ich wirkliche Sympathie, denn er vermißt die besten Dinge des Lebens, wahrscheinlich ohne eigene Schuld. Das obengesagte bezieht sich einzig und allein auf den Mann des Mittelstandes, der es sich erlauben könnte, zu heiraten, wenn er sich selber weniger und irgend eine Frau mehr lieben würde. Fünfhundert Pfund im Jahr ist z.B. ein ganz nettes Einkommen für einen Junggesellen, der nicht direkt zur „Gesellschaft" gehört. Mit dieser Summe kann ein Mann des Mittelstandes ganz gut auskommen, wenn er keine besonders kostspieligen Laster oder Passionen hat. Freilich aber verlangt es Selbstverleugnung, wenn er damit für Frau und zwei oder drei Kinder sorgen soll. Das bedeutet ein kleines Haus in einer der billigeren Vorstädte anstatt einer Junggesellenwohnung in der Stadt, Omnibusse anstatt Mietwagen, Galeriesitze anstatt Sperrsitze, einen vierzehntägigen Familienaufenthalt in Broadstairs anstatt eines einmonatlichen Aufenthaltes zum Fischen als „garçon" in Norway. Es bedeutet, daß man keine Soupers mehr im Savoyhotel hat, keine Wochenenden mehr in Paris verbringt und nicht mehr auf einen Sprung nach Monte Carlo hinüber rutscht. Aber es kann durchgeführt werden und glücklich durchgeführt werden, vorausgesetzt, daß ein Mann die Liebe über den Luxus stellt. Fast jeder Mann kann es sich leisten, zu heiraten, — und zwar die richtige Frau.

Freilich, wenn ein Mann noch die „Frau seiner Träume" zu finden gedenkt, dann ist alles gut. Aber nur die verächtliche Ausrede Bayards hat mich so empört. Wenn die Männer die Wahrheit sagen wollten, wäre das alles nicht so schlecht. Aber dem alten Adam gleich, schieben sie wie gewöhnlich die Schuld den Frauen zu und sagen: „Die Mädchen erwarten heutzutage zu viel. Es ist unmöglich, genug Geld zu verdienen, um sie zu befriedigen". Das ist eine der vielen Lügen, die die Männer über die Frauen ausstreuen, oder sie befinden sich vielleicht selbst in einer Täuschung und glauben wirklich an die Wahrheit dieser Behauptung. Nun, klären wir sie auf! Die Mädchen e r w a r t e n nicht zuviel. Sie sind ganz geneigt, arm zu sein, wie ich es vorhin sagte, wenn sie nur den Mann genug lieb haben. Jedenfalls, sobald sie jenes Stadium erreicht haben, wo sie der wirklichen Dinge des Lebens bedürfen, da werden sie Weibtum und verhältnismäßige Armut dem Wohlstand und dem leeren Herzen in ihrem elterlichen Heim vorziehen. Mit einem Wort, sie würden lieber „abgearbeitete Frauen als ruhelose alte Jungfern" sein.

Eine andere Täuschung, welche die Männer über die Frauen ausstreuen, ist die, daß sie zu vergnügungssüchtig sind, um daheim zu bleiben. Wie oft hört man Behauptungen wie folgende: „Juno Jones wird keine gute Frau sein. Sie spielt den ganzen Tag Golf." Oder: „Ich könnte mir's nicht leisten, Sappho Smith zu heiraten. Sie schwärmt zu sehr für schöne Kleider und fürs Theater." Gott helfe dem Mann! Was haben denn die armen Mädchen anderes zu tun? Sappho hat eine Vorliebe für feine Kleider und fürs Theater. Sie füllt ihr leeres Dasein mit diesen Dingen aus, so gut sie kann. Juno hat den langen lieben Tag nichts zu tun, aber sie geht sehr gern ins Freie, und so konzentriert sie ihre prächtige Kraft auf ein Spiel mit Stock und Ball, weil jedweder tätige Anteil an dem großen Spiel des Lebens ihr versagt ist. Heiratet sie, wenn sie euch mag, und ihr werdet sehen, was für einen guten Kameraden ihr an ihr haben werdet, und was für prächtige Kinder sie euch schenken wird. Oder heiratet Sappho, und ihr werdet finden, daß sie nie andere als einfache, in euren Mitteln liegende Vergnügungen haben will, so lange ihr gut zu ihr seid und sie so liebt, wie sie geliebt zu werden wünscht. Sie wird sich ganz gern ihre Kleider selbst machen und ihre größte Freude darin finden, euer Einkommen einzuteilen und euer Heim zu schmücken.

Jeder kann sich daran erinnern, oberflächliche und vergnügungssüchtige Mädchen gekannt zu haben, die prächtige Frauen geworden sind, deren Kinderstube musterhaft und deren Haushalt über allen Tadel erhaben ist. Gewiß prophezeiten alle ihre Freunde Unheil, als diese Schmetterlinge zum Altar geführt wurden. Ich glaube aufrichtig, daß die Frauen nur dann ausgefallene Vergnügungen brauchen, wenn sie innerlich elend sind. Es sind gewöhnlich die Unglücklichen, die Elenden, die ruhelosen alten Mädchen, die überall hin laufen und das Geld zum Fenster hinauswerfen. Sie fühlen, daß das Leben sie betrügt, und müssen irgend eine Entschädigung haben.

Aber um zu meinen fünfzehn Junggesellen zurückzukehren: nun bleibt nur mehr Florizel, dessen Haltung gegenüber den Ehefesseln gerade das Gegenteil von der Bayards und Claudians ist. Er ist aufrichtig geneigt, zu heiraten, glühend, warm, bestrebt, das Richtige zu tun, aber es fehlt ihm an moralischem Mut, und er ist schauderhaft egoistisch. Ich möchte ihn so gerne glücklich verheiratet sehen, da er dann ohne Zweifel rasch jene heftige Selbstliebe verlieren würde, aber ich frage mich, ob es irgend eine anziehende Frau gibt, die selbstlos genug wäre, um ihn in dem gegenwärtigen Zustand der Selbstvergötterung zum Gefährten zu erwählen. Er ist immer für irgend eine Frau entflammt, schwebt stets knapp über irgend einer großen Leidenschaft und sehnt sich darnach, kopfüber in das Liebesmeer zu stürzen und den Anker der Ehe auszuwerfen, der ihn dort festhalten soll, wo er nicht mehr abschwenken kann. Unglücklicherweise kann er sich nicht genug selbst vergessen, um den verhängnisvollen Sprung zu wagen. Bei allen seinen Fehlern hat Florizel etwas Liebenswertes. Ich wäre froh, wenn er zur Vernunft gebracht würde — obgleich es eine tapfere und geduldige Frau sein müßte, die diese Aufgabe zu unternehmen hätte.

Als alle fünfzehn Junggesellen aufgehört hatten, über sich selbst zu sprechen und sich mit der anderen Gesellschaft zum Bridgespiel niedergesetzt hatten, kam eine alte Dame, die — wie ich — es vorzog, Zuschauer zu bleiben, zu mir und setzte sich neben mich. „Wie sie herumreden", sagte sie. „Ich aber kann Ihnen sagen, warum sie nicht heiraten. In fünf Worten: Weil sie sich nicht verlieben. Und warum verlieben sie sich nicht? Weil die Mädchen sich zu viel um sie bemühen. Weil die Mädchen ihnen überall über den Weg laufen. Ich habe sieben Söhne, und alle sind unverheiratet. Ich weiß es."

Notiz. — Es ist interessant, daß Westermarck in seiner „Geschichte der menschlichen Ehe" eine Anzahl von Autoritäten erwähnt, um zu beweisen, daß bei vielen alten Nationen die Ehe eine allen zufallende religiöse Pflicht war. Bei den Mohammedanern ist sie noch heute eine Pflicht. Bei den Hebräern hörte man nichts vom Cölibat und sie haben ein Sprichwort: „Wer kein Weib hat, ist kein Mann". In Ägypten ist es unrein und sogar anrüchig für einen Mann, sich der Ehe zu enthalten, wenn kein richtiges Hindernis vorliegt. Die Chinesen betrachten es als ein beklagenswertes Unglück für einen Jüngling, wenn er unverheiratet stirbt und bei den Hindus von heute wird ein Mann, der allein bleibt, als ein beinahe unnützes Glied der menschlichen Gesellschaft betrachtet —, der außer dem Bereich des Natürlichen steht.

III. Warum Frauen nicht heiraten

„Es ist Sache der Frau, sich sobald als möglich zu verheiraten, und die des Mannes, so lange er kann, unverheiratet zu bleiben."

G. Bernard Shaw.

„Die Ehe bringt der Frau solche Vorteile, eröffnet ihr so viele Lebensmöglichkeiten und stellt ihr so viel größere Freiheit und nützliche Betätigung in Aussicht, daß, einerlei, ob sie glücklich oder unglücklich verheiratet ist, sie durch sie nur gewinnen kann."

R. L. Stevenson.

„Warum die Frauen nicht heiraten? Aber sie heiraten ja — wenn sie nur können", wird der intelligente Leser unwillkürlich ausrufen. Nicht, bei der erst besten Gelegenheit! wohlgemerkt! Kein i n t e l l i g e n t e r L e s e r wird diesen Irrtum begehen, obzwar es ein ziemlich allgemeiner Irrtum bei den Nichtverstehenden ist. Die meisten ledigen Frauen über dreißig müssen das eine oder andere Mal zusammengezuckt sein bei der genial sein wollenden Bemerkung irgend eines älteren Mannes: „Schau, schau, noch nicht verheiratet. Nun, da möcht ich wohl wissen, was die jungen Männer dazu sagen." Ich schreibe absichtlich „irgend eines Mannes", denn keine Frau, wenn sie auch noch so katzenartig veranlagt ist und noch so gern einen Pfeil in die Brust der Rivalin abschießt, würde eine Beleidigung von so besonders verletzender Art über die Lippen bringen, die seltsamerweise von dem Mann, der einen groben Schnitzer begeht, immer als das schmei-

19

chelhafteste Kompliment gedacht ist. Die Tatsache, daß das unglückliche, auf diese Weise attaquierte ältere Mädchen ein Dutzend Anträge gehabt haben mag und es doch aus Gründen ihrer inneren Natur vorzieht, ledig zu bleiben, scheint vollkommen über das Verständnis dieser Leute zu gehen.

Aber der Hauptgrund, warum die Frauen nicht heiraten, ist offenkundig der, weil die Männer sich nicht um sie bewerben. Die meisten Frauen werden Ja sagen, wenn ein genügend netter Mann ihnen ein genügend angemessenes Leben bietet. Wenn die Anträge, die sie bekommen, unter ein gewisses Niveau fallen, dann ziehen sie es vor, ledig zu bleiben, und hoffen dabei im Stillen, daß der richtige Mann noch kommen wird, bevor es zu spät ist. Man muß auch hervorheben, daß, je kultivierter die Frauen werden, sie desto weniger geneigt sind, nur um der Verheiratung willen zu heiraten, wie ihre Großmütter es taten.

Dann gibt es einige Frauen, eine ganz kleine Schar, die, wenn sie nicht ihr Ideal in seiner Vollkommenheit verwirklichen können, sich nicht mit dem Minderen begnügen. Durch eine Ironie des Schicksals kommt es vor, daß diese Frauen oft die Edelsten ihres Geschlechts sind. Es bleibt jedoch noch eine andere kleine Schar ledig, aus aufrichtiger Abneigung gegen die Ehe und ihre Pflichten. Es ist vielleicht nicht zu scharf gesagt, daß eine Frau, die absolut keine innere Berufung für Weibtum und Mutterschaft hat, eine degenerierte sein muß, und so sehr des weiblichen Instinkts ermangelt, daß sie den Vorwurf verdient, „geschlechtslos" genannt zu werden. Dieser Typus nimmt augenscheinlich zu.

Dann bleiben jene (ich möchte nicht gern eine Vermutung über ihre Zahl aufstellen), die lieber irgend einen Mann heiraten, wie wenig begehrenswert und für sie passend er auch sein mag, als „ungeliebt zu verblühen". Es ist eine tief betrübende Tatsache, daß ein Mann noch so häßlich, noch so närrisch, noch so brutal, noch so eingebildet und niederträchtig sein kann — und doch eine Frau findet. Jeder Mann kann irgend eine Frau finden, die ihn heiratet. Bei dieser Gelegenheit muß man an jene berühmte Köchin denken, die, als man ihr anläßlich der Treulosigkeit ihres Liebhabers sein Mitleid ausdrückte, erwiderte: „Das macht nichts, ich kann Gott sei Dank noch jeden Mann lieben."

Man kann nicht umhin, mit einer gewissen Belustigung die ernsten Artikel über diesen Gegenstand in den Frauenzeitschriften zu lesen. Da wird uns überzeugendst versichert, daß die Frauen heutzutage nicht heiraten, weil sie ihre Freiheit zu hoch schätzen, weil jene, die Geld haben, es vorziehen, unabhängig zu bleiben und ihr Leben zu genießen, und jene, die keines haben, lieber tapfer ihr Leben durchkämpfen als die Sklavin eines Mannes, eine bloße Magd, die ganz im Haushalt aufgeht, zu werden usw. usw. ganze Seiten voll. All das mag ja von einem ganz kleinen Teil der Frauen wahr sein, aber es bleibt doch eine unbestreitbare Tatsache, daß der Hauptgrund für das Sitzenbleiben der Frauen die Gleichgültigkeit der Männer ist. Ich habe jede Sympathie für die Frauen, welche die schweren Verantwortungen der Ehe aufzuschieben wünschen, bis sie das gehabt haben, was man beim anderen Geschlecht das Sich-Austoben nennt, d.h. bis sie eine Periode der Freiheit genossen haben, in der sie studieren, reisen, ihre Jugend tüchtig genießen, mit verschiedenen Männern verkehren, dem Leben in die Augen schauen und etwas von dessen Sinn lernen können. Aber es kommt eine Zeit in dem Leben beinahe jeder Frau — ausgenommen der obbesagten Degenerierten —, in der sie fühlt, daß es Zeit ist, die Kindereien beiseite zu schieben und in der sich in ihr Herz eine Sehnsucht nach den wirklichen Dingen des Lebens einnistet, den Dingen, auf die es ankommt, den Dingen, die dauern — die Liebe in der Ehe, und kleine Kinder, und jenes unschätzbare Gut, ein eigenes Heim.

Es ist heutzutage Mode, das Heim zu diskreditieren. Und Bernard Shaw hat es scherzend „das Gefängnis des Mädchens und das Arbeitshaus der Frau" genannt. Aber was für ein wunderbares Heiligtum ist es tatsächlich! Und wieviel es für die Frauen bedeutet, können nur jene erzählen, die es entbehrt haben.

In unserer Jugend ist das Heim der Ort der Futterkrippe, der Ort, wo es Bindfaden, Briefmarken und Monatsschriften in Hülle und Fülle gibt, — ein Ort, wo gewöhnlich Liebe ist, aber nichtsdestoweniger hauptsächlich der Ort, den wir als uns gebührend betrachten und für den dankbar zu sein uns nie im Traum einfällt. Später ist das Heim oft mit beschwerlichen Pflichten verknüpft, für manche wird es sogar der Ort, von dem man gerne fort möchte; aber wenn wir es verloren haben, wie sehnen wir uns danach zurück! Wie ehrfürchtig denken wir an jedes Zimmer und alles, was sich dort ereignete! Wie sehnen wir uns in Gedanken nach dem alten Garten und träumen von dem geliebten Grün! Es kommt nicht in Betracht, wie armselig das Heim gewesen sein mag, ein jedes Stückchen davon ist einem heilig und teuer, vom

Garderobezimmer an, wo man an trüben Tagen Räuber und Soldaten gespielt hat, bis zum Werkzeugschuppen, wo man bei schönem Wetter alles mögliche im Sonnenlicht spielte. Bis zum heutigen Tage rührt es mich fast zu Tränen, wenn mir eine schlecht gekochte Kartoffel unterkommt. Nicht weil sie so schlecht ist, sondern weil sie mich an die Kartoffeln erinnert, die drei kleine Kinder in der Asche des Feldfeuers in einem alten Garten mit ausgelassener Lustigkeit zu kochen und mit stiller Ehrfurcht zu essen pflegten — vor langer, langer Zeit. Noch heute weckt der Duft eines solchen Feuers in mir das Gefühl, ich sei, wie einstmals, wieder sieben Jahre alt.

Aber ob eine Frau ein Heim bei ihren Eltern hat oder nicht, eine jede normale Frau sehnt sich nach ihrem eigenen Heim, und ein Mädchen, das sogar die Blumen auf der Mittagstafel der Mutter ungerne herrichtet, wird in der Ehe ganz unappetitliche Hausarbeit gerne tun, in jenem Heim, das sie ihr eigen nennt.

Diese leidenschaftliche Liebe zum Heim ist eines der charakteristischesten Merkmale der Frau. Ich meine nicht die Vorliebe „daheim" zu sein, da die Neigungen der modernen Frauen gewöhnlich anderswo liegen, aber die Liebe zu dem Ort selbst, und der Wunsch, ihn zu besitzen. Eine große Anzahl Frauen heiraten einzig und allein um dieses heißbegehrten Besitzes willen. Und was jene anbetrifft, die es nicht tun, so erzählen die Spalten der „Christlichen Welt" und anderer Zeitungen klägliche Geschichten über ihre Sehnsucht darnach. Frauen von „Herkunft" (eine schwulstige und unsinnige Partikel) sind fast zu allem bereit, nur um einen bescheidenen Winkel, einen ganz untergeordneten Platz in der fremdesten Familie zu finden. Sie wollen Haushälterinnen, Dienerinnen, Gesellschafterinnen, Sekretärinnen, Helferinnen für „kleinen Gehalt und ein Heim" sein, und manchmal auch ganz ohne Gehalt. Sie wollen packen, nähen, ausbessern, unterrichten, überwachen; sie bieten ihre Kenntnisse jeder Art an, wie z.B. ihre musikalischen Fähigkeiten, ihre Sprachen, ihre Gesundheit und Kraft, ihre Dienstbereitschaft und alle ihre Tugenden, die angeborenen oder die erworbenen, alles das für ein bißchen Nahrung und Wärme und das schützende Obdach jener vier Wände, nach denen ihr ganzes Streben geht, die ihren höchsten Wunsch ausmachen, ein Heim! Schöne Frauen, begabte, brave Frauen verkaufen sich täglich, um nur ein Heim zu gewinnen. Sogar Hedda Gabler, die degenerierteste von allen modernen Heldinnen, die den Selbstmord der Mutterschaft vorzog, verkaufte sich in einer lieblosen Ehe nur des Heims halber. Und doch lesen wir fortwährend eine Liste von trivialen phantastischen Gründen, warum die Frauen nicht heiraten.

Eine Studentin, die gezwungen war, ihre meiste Zeit in einem ungemütlichen Mietkabinett zu verbringen, erzählte mir einst, daß ihr einziger Wunsch sei, einen Raum zu haben, der einen Kasten mit ihren wenigen Kleidern und kleinen Besitztümern beherbergen könne. Sie gab sich ohne ein Heim zufrieden, aber sie sehnte sich sehr nach einem solchen Kasten. „Ich werde Tony bald heiraten müssen," sagte sie, „schon wegen der Annehmlichkeit, einen Platz für meine Kleider zu haben. Ich habe ihn nicht gern und ich möchte noch gerne warten, bis jemand kommt, den ich lieb habe, aber wenn ich ihn je nehme, sehen Sie, dann wird es wegen des Platzes für den Kasten sein." Ich muß hinzufügen, daß dieser „jemand" kam und daß sie jetzt mehrere Kleiderkästen besitzt und drei kräftige Kinderchen, und daß Tony ihr ausweicht, wenn er ihr auf der Straße begegnet.

Dieser leidenschaftliche Wunsch nach dem Heim findet sich noch häufiger in jener Gesellschaftsklasse, die man gewöhnlich die niedere nennt. Ich habe gelegentlich eine arme Frau beschäftigt, die seit dem Tode ihres Mannes, also seit neunzehn Jahren, als Köchin diente. Während dieser ganzen Zeit hat sie auf „ihr Heim gehalten", d.h. auf ein einzelnes Zimmer, das ihre Möbel beherbergt. Sie konnte kaum irgendwann das Zimmer benützen, höchstens ein oder zwei armselige Tage lang und mußte viel von ihren knappen Mußestunden hergeben, um es rein zu halten. Durch neunzehn Jahre hat sie lieber drei Schillinge und sechs Pfennig per Woche für das Zimmer gezahlt, ehe sie ihre Möbel verkauft hätte. Die so ausgegebenen einhundertzweiundsiebzig Pfund hätten reichlich die Möbel überzahlt und die Frau sieht den Unsinn vollkommen ein, aber ihre Erklärung ist: „Ich konnte mich einfach von dem Heim nicht trennen."

Noch ein Beispiel: Als ich einmal an der See wohnte, hatte ich das Unglück, ein Gefäß aus dickem blauen Glas zu zerbrechen, das sein Leben augenscheinlich als Parademarmeladeglas begonnen hatte, aber später aus einem mir unerfindlichen Grunde zur stolzen Rolle einer Kaminverzierung avanciert war. Zu meiner Überraschung weinte die würdige Wirtin bitterlich über den Scherben und als ich prunkvolle Gegenstände erwähnte, mit denen ich ihren Schatz ersetzen wollte, erklärte sie mir schnippisch: „Nichts kann diesen Schaden gut machen. Denn dieses blaue Glas war das erste Stück meines Heims."

Kehren wir nun zu unserem Gegenstand zurück. Das traurigste an der Sache ist, daß selbst, wenn jeder Mann über fünfundzwanzig Jahren heiraten würde, es noch eine enorme Zahl lediger Frauen gäbe. Das ist wirklich sehr ernst und die Ursache vieler Übel. Um dem so viel als möglich zu steuern, sollte jeder Mann, jeder gesunde Mann mit genügendem Einkommen, heiraten. Wenn es bloß „nicht gut für den Mann ist, daß er allein sei", so ist es sehr schlecht für die Frau. Jede Frau sollte einen männlichen Gefährten haben, einen Mann, mit dem sie leben könnte, wenn es auch nur wäre, um die Billets zu nehmen, das Handgepäck zu tragen und in der Nacht aufzustehen, um zu sehen, was denn da für ein Lärm ist. Da die Gesellschaft in ihrer jetzigen Struktur das Zusammenleben von Mann und Frau als Gefährten nicht hingehen läßt, so ist es klar, daß jede Frau einen Gatten haben sollte.

Bernard Shaw schreibt: „Gebt den Frauen das Stimmrecht, und in fünf Jahren werden wir eine drückende Junggesellensteuer haben." Es sollte eine solche geben, die gewissen Unterschieden von Alter und Einkommen unterworfen wäre. Das ist eine der vielen Angelegenheiten, in denen wir von den Japanern lernen sollten, wo alle Junggesellen über einem gewissen Alter besteuert sind. Auch in Frankreich wird ein diesbezügliches Gesetz diskutiert. Zur Zeit, wo ich dies schreibe, sind die Frauen voller Zukunftsträume über ihre baldige Befreiung, und es wird sehr viel darüber gesprochen, wie sie ihr Wahlrecht anzuwenden gedenken. Ich muß leider sagen, daß, obgleich einige unsinnige Drohungen über die Abschaffung jener Gabe an die Frauen — die Männerklubs — verlauten, bis jetzt, abgesehen von e i n e r Ausnahme, nichts über die ratsame Einführung einer Junggesellensteuer im Druck erschienen ist. Die eine Ausnahme ist eine sehr interessante, anonym erschienene Novelle, „der Morgenstern", welche unter anderen wohldurchdachten Vorschlägen für politische Reformen auch dringend für eine Junggesellensteuer plädiert. Es ist offenkundig nur gerecht, daß der Mann, der nichts für den Staat durch Gründung einer Familie tut, zugunsten desjenigen besteuert werden sollte, der eine gründet. Wir hören so viel über die sinkende Geburtsziffer und die Pflicht eines jeden verheirateten Paares, Nachwuchs zu haben, und doch wird alles getan, um jene, die einen solchen haben, zu entmutigen. Der Gewerbsmann, der schuftet, um sagen wir, tausend Pfund jährlich zu verdienen und drei bis vier Kinder für den Staat heranzuziehen, wird genau so besteuert wie der Junggeselle, der gar nichts für den Staat tut und sogar die anderen Steuern dadurch vermeiden kann, daß er, wenn es ihm beliebt, im Hotel oder in einer Pension lebt.

Aber selbst wenn wir eventuell eine vernünftige Gesetzgebung bekommen sollten, die jenen, welche für die Erhaltung der Geburtsziffer ihr Teil tun, Belohnungen anstatt neue Lasten bieten würden, selbst wenn ein Junggeselle über fünfundzwanzig ein so seltener Gegenstand auf unseren Inseln würde wie eine alte Jungfer in mohammedanischen Landen, selbst dann würde noch ein enormer Überschuß von ledigen Frauen sein. Warum ist das so? Warum soll Großbritannien als das Paradies der alten Mädchen betrachtet werden?

Warum sollten wir mehr alte Jungfern haben als andere Länder? Ist es, weil unsere Kolonien soviel junge Männer verschlingen? Warum können sie denn nicht auch eine gleiche Anzahl von Frauen verschlingen? Man könnte wünschen, daß der Staat und ein „Institut der Ermunterung zur Ehe" unter staatlichen Begünstigungen diese äußerst wichtige Sache in die Hand nehmen. Eine der Pflichten dieses Instituts wäre es, jährlich eine Anzahl Frauen zur Auswanderung zu bewegen, um so das geeignete Gleichgewicht der Geschlechter in den heimatlichen Ländern zu erhalten und jedem Mann in den Kolonien die Aussicht zu verschaffen, eine Frau zu bekommen. Ich hörte neulich von einem sehr gewöhnlichen Mädchen in den Kolonien, die elf Männer hatte, die sie alle heiraten wollten. Elf Männer! Und doch gibt es Scharen von reizenden englischen Mädchen, die alt werden und versauern, ohne je einen einzigen Heiratsantrag bekommen zu haben.

Eine andere Pflicht eines „Instituts der Ermunterung zur Ehe" wäre es, die Tausende von einsamen Männern und Frauen des Mittelstandes in den Großstädten, die den ganzen Tag in der Arbeit sind und keine Gelegenheit haben, einander zu treffen, irgendwie zu vereinigen. Ich habe eben Francis Gribble's sehr interessante Novelle „Der Wolkenpfeiler" gelesen, in welcher er die Existenz von sechs Mädchen in „Stonor House" beschreibt, einer jener düsteren Baracken für heimatlose, den ganzen Tag durch die Arbeit angehängte Frauen. Der rasende Wunsch dieser Mädchen, mit Männern ihrer Klasse zu verkehren, ist betrübend echt, und dieser Wunsch ist nicht so sehr der Ausdruck der natürlichen Bestrebungen des jungen Weibes, mit jungen Männern zusammen zu kommen, sondern er besteht, weil alle diese Männer für die Mädchen Ehemänner sein könnten, und die Heirat die einzige Möglichkeit ist, aus „Stonor House" und der freudlosen Existenz daselbst herauszukommen.

In dem vor einigen Jahren erschienenen „Pfad eines Pioniers" bricht Dolf Wyllarde ähnlichen Ideen Bahn, aber ihre jungen Frauen sind weniger gesund und weniger aufrichtig bestrebt, mit Männern zu Heiratszwecken zusammenzukommen. Jedoch geben einem beide Bücher eine gute Vorstellung von dem lieblosen unnatürlichen Leben der jungen Frauen des Mittelstandes, deren Verwandte, wenn sie welche haben, weit weg sind, und die ihr Leben in großen Städten verdienen müssen, fast immer durch diese ungünstigen sozialen Bedingungen zur Altjungfernschaft verurteilt. Daß eine große Anzahl wohlerzogener Frauen zu einem solchen Dasein verdammt sein soll, spricht so eindringlich als nur möglich für die Daseinsberechtigung zweier französischer Institutionen, nämlich den beschränkten Familiennachwuchs und das System der Mitgift. In den letzten Jahren ist die „Beschränkung des Nachwuchses" auch in England weit verbreitet und bis das System der Mitgift auch zur Regel wird, könnte das „Institut der Ermunterung zur Ehe" die Sache in die Hand nehmen. Zwei oder drei außerordentlich feinsinnige Philantropen haben diesem Gegenstand schon ihre Aufmerksamkeit gezollt, aber jede Bewegung dieser Natur nimmt zu sehr den Charakter einer Heiratsagentur an, um von jener Klasse beifällig aufgenommen zu werden, für deren Wohlergehen sie bestimmt ist. Und doch müßte das „Institut der Ermunterung zur Ehe" mit diesem Hindernisse rechnen und ihre wahre Absicht unter einem anderen Namen verbergen. Ich bin sicher, daß, wenn der Zweck so genügend verhüllt würde, daß feine Männer und Frauen ohne Verlust der Selbstachtung

Vorteil aus ihr ziehen könnten, die Beteiligung an dieser Institution von seiten beider Geschlechter eine enorme wäre. Ein direkt für den sozialen Verkehr geschaffener Klub könnte die Lösung sein, und man könnte leicht Kränzchen, Konzerte, Ausflüge arrangieren, die zu einer Quelle der Freude und Anregung in manchem düsteren Leben würden. Wenn Erfolge zu verzeichnen wären, so sollte man Provinzfilialen gründen. — Man sieht fortwährend in den Zeitungen Beweise für die Tatsache, daß es eine Menge junger Leute des Mittelstandes gibt, die heiraten können und wollen, und denen es nur an weiblicher Bekanntschaft in ihrer eigenen Gesellschaftsklasse fehlt, um eine Wahl zu treffen. Unglückliche Mesalliancen sind oft die Folge davon, und es erscheint mir trostlos und verderblich, daß diese für die Ehe geschaffenen Männer nicht mit einigen von jenen tausenden junger Mädchen zusammengebracht werden können, deren Leben in unangemessener Plage dahin fließt und die sich in Sehnsucht nach einem Heim und einem Gatten verzehren. Bis das „Institut der Ermunterung zur Ehe" Tatsache wird, gibt es noch prächtige Arbeit für einen Philantropen von unendlichem Takt und warmfühlendem Herzen. Um wieviel könnte man die Summe menschlicher Freude erhöhen! Wie reich könnte der geringe Einsatz an Geld und Zeit belohnt werden!

IV. Die Tragödie der Unbegehrten

Und Männer und Frauen geh'n Hand in Hand
Bis die Fluten des Meeres vertrocknen zu Sand.
Und eins ums andre siegt oder fällt —
Denn der Kampf der Liebe währt endlos fort
Und der Liebe Wort ist des Lebens Wort.
Und wer nimmer das Wort einem andern bot,
Ob er scheinbar auch lebt, ist verdammt und tot.

W. E. Henley.

Das ist die Tragödie, von deren Existenz wenige Männer wissen, und die gewiß kein Mann in dieser von Frauen so überfüllten Insel je erfahren haben mag. Die Männer verhöhnen die nach der Verheiratung strebenden Frauen immer und spotten ebenso sehr über die alte Jungfer, die sie verpaßt hat. Der Himmel allein weiß warum, da der Ehestand durch die Gesetze und Traditionen der Männer dazu gemacht worden ist, alles einer Frau Begehrenswerte zu verkörpern und der ledige Stand gerade zum Gegenteil. „Die Leute halten die Frauen, die nicht heiraten wollen, für unweiblich, die Leute halten die Frauen, die nicht heiraten wollen, für überspannt, und sie verknüpfen beide Meinungen dahin, es für unwürdig zu halten, wenn die Frauen den Ehestand nicht als die Hoffnung und den Zweck ihres Lebens ersehnen, und ein weibliches Wesen ihrer Bekanntschaft, das sie einer solchen Sehnsucht für fähig halten, lächerlich und verächtlich zu finden. Die Frauen sollen keine Ermutigung gewähren, aber sie auch gewiß nicht versagen, und so geht es weiter, und jede Vorschrift hebt die vorige auf, und die meisten sind negativ" (Augusta Webster).

Bernard Shaw und George Moore haben im Druck behauptet, daß die Frauen sich häufig um die Männer bewerben, und einige Männer haben mir Einzelheiten über die Bewerbungen, welche ihnen seitens des schönen Geschlechtes zukamen, mitgeteilt. Ich glaube, es ist einer der Grundsätze der radikalen Frauen, daß das Geschlecht, welches das Kind trägt, ein Recht darauf hat, den Gatten zu wählen; obgleich dies sich unangenehm umstürzlerisch anhört, scheint es doch außerordentlich vernünftig. Daß das Recht, einen Gefährten zu wählen, jedem jugendlichen Wesen eingeräumt werden sollte, wird möglicherweise in der Zukunft anerkannt werden, wenn die Frauenfrage ein für allemal erledigt sein wird.

In jenen fernen Tagen wird es, das wollen wir hoffen, keine Tragödie der Unbegehrten mehr geben. Es scheint fast unzart, diese Bezeichnung auf jene Scharen lediger Frauen Englands anzuwenden, die zum großen Teil Amt und Würden bekleiden, treffliche Frauen sind und unter denen sich Steuerzahlerinnen, Familienvorsteherinnen, Philantropinnen befinden, die in Kirchsprengeln unter den Armen, in Spitälern, Schulen, Asylen, Ämtern, Ateliers arbeiten, in öffentlichen Körperschaften, in den Redaktionsstuben gewöhnlich gut und hilfreich sind, oft klug und reizend, gelegentlich vielleicht ein wenig eng, aber im großen ganzen die besten Traditionen ihres Geschlechts aufrecht erhalten und es natürlich n i e zugeben, daß sie gerne geheiratet hätten. Jedoch müssen sie alle im tiefsten Herzen das Traurige ihrer Unbefriedigtheit empfinden und sich, so gut sie können, mit anderen

Interessen trösten. Diejenigen, welche absorbierende Beschäftigungen haben, sollten dankbar sein, denn die Frau, welche alles daran setzt, um einen Gatten zu finden, und dieses Ziel nicht erreicht, wird gewöhnlich reizbar, bitter, enttäuscht und in jeder Hinsicht unnütz. Aber die Frauen, deren Herz weit genug ist, um andere Ideale zu fassen als das eheliche, finden andere Arbeit zu leisten und leisten sie tüchtig und hingebungsvoll. Liebevolle und warmherzige Frauen braucht man immer. Die Ehe ist im Leben einer solchen Frau nicht die Hauptsache, obzwar sie es für die höchste Entwicklung ihres persönlichen Glückes sein mag.

Und die große Zahl von Frauen, die zu heiraten Gelegenheit hatte, kann sich damit trösten, daß sie eines Ideals wegen oder aus welchem Grunde immer den ledigen Stand gewählt hat. Noch größer ist die Zahl jener, die das Temperament zum Ledigbleiben besitzen und von denen Bernard Shaw schreibt: „Steril, die L e b e n s k r a f t geht an ihnen vorbei." Das beeinträchtigt sie selten. Sie haben eine Menge kleiner Vergnügungen und Interessen, welche ihnen genügen. Keinerlei Herzensstürme, keine Pein unterdrückter Mutterschaft kräuselt den glatten Spiegel ihres Lebensmeeres. Keine von all diesen wird von der wirklichen Tragödie der Unbegehrten berührt. Diese harrt mit all ihrer Bitternis jener, die zu dem Typus der „grande amoureuse" gehören, die gewöhnlich aus Mangel an Gelegenheit, manchmal aus Mangel an Anziehungskraft davon abgehalten wurden, das tiefste Bedürfnis ihrer Natur zu befriedigen.

Ich traf einst in einem Hotel an der Riviera ein ältliches Fräulein, das immer unglaublich verstimmt war.

Wie herrlich auch die Sonne scheinen mochte, wie schön die Welt in jenem schönsten Erdenwinkel erschien, nichts hatte die Macht, sie aufzuheitern. Ich versuchte einmal, sie zur Teilnahme an einem Ausflug zu bewegen, der eine Gesellschaft in ein von Hügeln umgebenes benachbartes Dorf bringen sollte. Sie lehnte ab. Ein anderes Mal lud ich sie ein, mich in die Spielsäle nach Monte Carlo zu begleiten, aber sie lehnte wieder ab. Nachdem mehrere wohlgemeinte Bemühungen meinerseits, sie aufzuheitern, zu demselben Resultat geführt hatten, sagte mir die arme Seele mit zögernden Worten, daß sie heitere Orte und angeregte Gesellschaften meide. „Sie machen mich immer unzufrieden und erinnern mich an das, was ich hätte haben können. Sie rufen in mir, wie soll ich es nennen, die Tragödie des ‚Es hätte sein sollen' wach." Ich verstand, was sie meinte, und es wurde zu meiner Erleichterung kein weiteres Wort über dieses Thema gewechselt, denn vertrauliche Mitteilungen dieser Art sind immer für beide Teile sehr peinlich. Meine Leser werden wahrscheinlich diese arme Dame als krankhaft eigennützig und unausgeglichen verachten. Vielleicht haben sie recht. Aber die Trauer eines leeren Herzens, eines einsamen Lebens war die Ursache ihres verkümmerten Wesens. Zum Glück ist ihr Fall ein extremer. Die meisten alten Jungfern, glaube ich, können sich daran freuen, junge Mädchen glücklich zu sehen und interessieren sich gewöhnlich intensiv für die Liebesaffären der anderen. Da fällt mir eine schöne Stelle von Fiona Macleod ein, die sagt, daß „das in der Seele eines andern heimlich Geschaute das Leben verklärt". Es wird genügen, um so manche alte Jungfer glücklich zu machen: die Erinnerung an irgend eine Liebe und Zärtlichkeit, an irgend einen

Roman, um das Leben zu versüßen; die Frauen brauchen das.

Um ein anderes Beispiel zu geben. Eine Frau fragte mich einst, warum die Männer sich verlieben. „Ich bin begierig, ob Sie mir sagen können, was an den Frauen ist, die die Männer dazu veranlassen, sich um sie zu bewerben. Ich habe eine Menge unschöner verheirateter, und eine Menge armer Frauen gekannt und eine Menge ganz entsetzlicher, ohne eine einzige Eigenschaft, die einen Mann glücklich machen kann. Und doch müssen sie irgend etwas anziehendes gehabt haben, irgend etwas, um derentwillen die Männer sich um sie bewarben".

Dann fuhr sie fort, mir in eindringlichsten Worten zu sagen, wie sehr sie sich darnach sehne, ein eigenes Heim zu haben und einen lieben, netten Mann, der sie betreue, und daß doch noch nie ein Mann sich um sie beworben hatte. Kein Mann hatte sie je begehrt oder sie mit Liebesblicken angesehen. Sie hat nie die leidenschaftliche Umarmung eines Mannes oder den verzückten Kuß eines Liebhabers kennen gelernt. Das kam mir sehr sonderbar vor. Sonderbar schmerzlich und demütigend. Ich konnte sie kaum ansehen, während sie mir all das erzählte.

„Ich würde einen Mann so glücklich machen," sagte sie, und ihre traurigen dunklen Augen füllten sich mit Tränen. Sie hatte sogar schöne Augen, und war eine ganz hübsche Frau von anmutigem sanftem Wesen. „Ich würde so gut gegen ihn sein, ich würde einfach nur für ihn leben. Ich versuche es mir aus dem Kopf zu schlagen, aber da ich älter werde und es immer aussichtsloser ist, denke ich immer mehr daran, und manchmal fühle ich, daß ich über all dem Elend verrückt werde. Die Zukunft ist so schrecklich grau für mich. Alles ist so ungerecht. Ich bin für die Liebe so geschaffen, und mein Leben fließt dahin und ich habe nichts gehabt, n i c h t s ."

Sie weinte bitterlich und ich weinte auch, aus Mitleid mit ihr. Merkwürdigerweise war diese Frau nicht nur anziehend, wie ich schon erwähnte, und bestrebt zu gefallen und durchaus weiblich, sondern sie hatte auch genug Gelegenheit gehabt, Männer zu treffen. Ich vermute, es fehlte ihr das, was die schottische Bäuerin das „in die Augen springende" nennt, jenen unbestimmten Geschlechtsmagnetismus, der jenen unschönen, armen, entsetzlichen Frauen, von denen sie sprach, eigen war. Oder es fehlte ihr der Wille zum Leben, und daher kam kein Lebensgefährte zu ihr.

Es gibt tausende von Frauen, welche dasselbe fühlen, obgleich sie zumeist verschmähen, es einzugestehen. Wir hören eine Menge über das Recht des Mannes, zu leben. Was ist es denn mit dem Recht der Frau, zu lieben? Die Frauen sind so geartet, daß das Bedürfnis, zu lieben und geliebt zu werden, das stärkste Element ihres Wesens und der Kern ihres Seins ist. Überall im ganzen Land gibt es einsame Frauen in allen Klassen, müßige und arbeitende, hübsche und unhübsche, gute und schlechte, die nach Liebe dürsten, nach einem Mann, der sie betreut, nach dem Recht des Weibtums und dem dreimal gesegneten Recht der Mutterschaft. In den Zeitungen erschallt unaufhörlich das abgedroschene Geschwätz der Männer: „Die Frauen sollten sich nicht in die Politik mischen, die Frauen sollten dies oder das tun, sie sollen sich um ihr Haus und ihre Kinder kümmern." Aber die ruhelosen Frauen, die diese Dinge tun, haben gewöhnlich kein Haus und keine Kinder, um die sie sich kümmern können. Was nützt es, ihnen die Heiligkeit der Mutterschaft zu predigen, wenn ihr sie nicht Mutter werden laßt, wozu von den Pflichten des Weibtums schwatzen, wenn ihr sie nicht zu Frauen begehrt.

Es ist eine wohlbekannte physiologische Tatsache, daß eine große Anzahl von Frauen in den mittleren Jahren wahnsinnig werden, bei denen das nicht geschehen wäre, wenn sie die gewöhnlichen Pflichten, Freuden und Beschäftigungen der Ehe gehabt hätten, wenn ihre Weibnatur nicht durch ein unnatürliches Cölibat ausgehungert worden wäre. Ich kann hier nicht darauf eingehen, aber ich empfehle es der Aufmerksamkeit meiner nachdenklicheren Leser und jener, die sich mit der Verbesserung der sozialen Mißstände in unserem ruhmreichen, zivilisierten zwanzigsten Jahrhundert beschäftigen.

Am schlimmsten von allen ist die Lage der Frauen, die sich nicht bloß nach der Ehe und einem lieben Mann sehnen, sondern vielmehr nach der Mutterschaft, jener bittersüßen Krone des Geschlechts, welche die im Cölibat lebenden Priester unaufhörlich als das höchste Gut und die erste Pflicht der Frauen preisen, von welcher aber tausende von Frauen in diesem Lande ausgeschlossen sind. Es muß gewiß keine Bitterkeit so quälend sein als die Bitterkeit der Frauen, die sich nach der Mutterschaft sehnen, in deren Ohr die L e b e n s k r a f t unaufhörlich rauscht und in deren Herz die erträumten Kinder sich regen und unaufhörlich rufen: „Schenke uns Leben, Schenke uns Leben!" ein Ruf, der Jahr um Jahr quälender wird, da jedes Jahr die göttliche Möglichkeit unerfüllt bleibt.

Ich denke oft daran, wie alles zusammenwirkt, eine edle heißblütige, mütterlich veranlagte Frau zu quälen, deren Natur so darben muß. Sie muß natürlich jede derartige Regung unterdrücken, den Kopf hoch tragen und mit Lächeln die überlegenen Mienen der Mädchen erdulden, die viel jünger sind als sie und zufällig den goldenen Zauberring tragen, der im Leben der Frau alles ändert; sie muß gewöhnlich behaupten, daß sie nicht heiraten will und nie wollte und es hätte können, wenn sie gewollt hätte; sie muß über diese Zeilen lachen, wenn sie sie zufällig lesen sollte und die Verfasserin eine krankhafte Idiotin nennen — kurz und gut, sie muß eine Rolle spielen einer Welt gegenüber, die es äußerst humorvoll findet, daß eine Frau um das Geburtsrecht ihres Geschlechts betrogen wird. Jede Zeitung und jedes Buch, das sie heutzutage zur Hand nimmt, enthält irgend etwas zur Verherrlichung des Weibtums und der Mutterschaft. Die Musik, die Bilder, die Novellen, die Theaterstücke — alles spricht ihr von dem befriedigten und siegreichen Geschlechtstrieb und nichts von dem ausgehungerten und unterdrückten. Dasselbe Prinzip ist überall in der Natur, der Himmel, die Blumen, der See, die grünen Bäume, das Prasseln des Sommerregens, alles Schöne, alle Töne in der Natur sind von derselben Bedeutung für sie und enthalten denselben scharfen Stachel, dieselbe drückende Last; wenn sie zur Krankhaftigkeit neigt, dann reißt jedes Kindergesicht, das sie auf der Straße sieht, die Wunde in ihrem Herzen auf. Das Geplapper eines jeden süßen Kindchens ist eine Qual für sie. „Mir nicht, mir nicht", muß der ewige Kehrreim in ihrem Gemüt sein. Ihre Arme sind leer, ihr Herz ist kalt, sie gehört zu dem großen traurigen Heer der Unbegehrten.

Wundert man sich da noch, daß die Irrenhäuser voll lediger Frauen sind?

Notiz. Eine gescheite und entzückende Freundin von mir, eine alte Jungfer aus eigener Wahl, macht Einwendungen gegen meine Ansicht über den ledigen Stand. Es würde mich sehr betrüben, wenn irgendwelche meiner Worte anderen Frauen Kummer verursachen sollten. Ich sagte schon früher, daß einige der besten Frauen ledig sind, was für jemanden, der an die Ehe so glaubt wie ich, traurig ist. Zwei der gütigsten und edelsten Frauen, die ich kenne, sind unverheiratet. Die eine von ihnen scheint absolut ohne irgend einen Gedanken an sich zu leben, hat ihr ganzes Leben tüchtig für andere gearbeitet, ihre geistigen und körperlichen Kräfte bis zur äußersten Grenze und die Schätze ihres edlen Herzens freigebig und grenzenlos hergegeben. Ich bitte meine Leser, zu beachten, daß ich einen Unterschied zwischen jenen ledigen Frauen zu machen trachte, die nicht heiraten wollen und jenen, die es wollen, zwischen den reichen Mädchen, die über alle Annehmlichkeiten des Lebens verfügen können, und den armen, die in die Tretmühle harter unaufhörlicher und unangemessener Arbeit eingespannt sind. Einen noch größeren Unterschied wünsche ich zu machen zwischen den gelassenen und zufriedenen Frauen, die sich den Verhältnissen anpassen und ein ruhiges glückliches Schicksal in irgendeiner Lebenslage finden — und den weniger ausgeglichenen, leidenschaftlichen Naturen mit tieferem Begehren und zwingendem Liebesbedürfnis. Dieses unterdrückte, verdrängte und niedergekämpfte Liebesbedürfnis erweckt mein tiefes Mitleid, von dem meine Freundin behauptet, daß es verschwendet und nicht am Platze ist. Darüber müssen meine Leser urteilen.

ZWEITER TEIL
WARUM EHEN MIßGLÜCKEN

„Denn die Ehe ist darin dem Leben gleich, daß sie ein Schlachtfeld und kein Rosenlager ist."

R. L. Stevenson.

„Die Ehe ist für mich Abtrünnigkeit, Entweihung des Heiligtums meiner Seele, Vergewaltigung meiner Männlichkeit, Veräußerung meines Erstgeburtsrechtes, schändliche Übergabe, schmachvolle Kapitulation, Annahme der Niederlage."

Bernard Shaw: Mensch und Übermensch.

Ein weiser Mann sollte der Ehe ausweichen, als ob sie ein Haufen glühender Kohlen wäre.

Dhammika Sutta.

I.   Die verschiedenen Arten der Ehe

Die Ehe ist der große Irrtum, der die kleineren Dummheiten der Liebe auslöscht.

Schopenhauer.

In einem seiner Essays sagt Stevenson: „Es erfüllt mich so oft mit Erstaunen, daß so viele Ehen so ziemlich glücken, und es bei so wenigen zu einem offenen Bruch kommt. Umsomehr, als es mir am Verständnis des Prinzips gebricht, nach welchem die Leute ihre Wahl treffen".

Aus dem Chaos, welches dieses Prinzip umhüllt, ragen vier besondere Beweggründe hervor, und wir können daher die Ehen rundweg in fünf Gruppen einteilen und zwar:

1. die Ehe aus Leidenschaft,

2. die Konvenienzehe,

3. die Ehe zu bestimmtem Zweck,

4. die Zufallsehe,

5. die Ehe aus Neigung.

Die Ehe aus Leidenschaft. Eine Person in Sommerset-Maughams „The Merry-Go-Round" sagt: „Ich bin überzeugt, daß die Ehe das schrecklichste Ding auf der Welt ist, wenn die Leidenschaft sie nicht absolut unvermeidlich macht". Obgleich ich eine aufrichtige Bewunderin von Maughams Werken bin, teile ich hier seine Meinung durchaus nicht. Die meisten der verrückten, unvernünftigen Verbindungen sind jene, welche die „Leidenschaft unvermeidlich macht". In der Theorie ist es einer der viel versprechendsten Ehetypen, in der Praxis erweist er sich als der unseligste und unglücklichste von allen.

„Sie sind wahnsinnig ineinander verliebt, es ist eine ideale Ehe" — ist eine Bemerkung, die man oft mit Genugtuung äußern hört. Aber es ist eine traurige Tatsache, daß diese wahnsinnige Liebe sehr häufig zu

Unglück und Scheidung führt. Die meisten mir persönlich bekannten unglücklichen Ehepaare waren im Anfang wahnsinnig ineinander verliebt. Kann man sich darüber wundern, wenn man die Sache näher betrachtet? Die Natur, die selten dort einen Irrtum begeht, wo die ursprüngliche Menschheit in Betracht kommt, ist durchaus nicht unfehlbar, sobald es sich um die künstlichen Bedingungen unserer westeuropäischen Zivilisation handelt. Im Osten, wo eine größere Freiheit zwischen den Geschlechtern gestattet ist, scheint es ganz gut, der Natur zu vertrauen und den von ihr eingeimpften Trieben zu folgen; doch dem ist nicht so auf unserer Halbkugel. Der junge Mann und das junge Mädchen, die in den Bann der Leidenschaft geraten, sind zeitweise blind und unzurechnungsfähig. Ihr Urteil ist getrübt, ihre Fähigkeit, zu überlegen, aufgehoben, nichts auf der Welt scheint ihnen von Bedeutung außer der überwältigenden Notwendigkeit, s i c h h i n z u g e b e n, das geliebte Wesen z u b e s i t z e n, — das Wesen, das ihnen das Blut erhitzt hat.

Wenn das Fatum grausam ist, so läßt es diese beiden sich in die Ehe stürzen. Die Natur hat ihren Willen durchgesetzt und beachtet weiter nichts. Sie ist ganz befriedigt. Die aus solchen Ehen wahnsinniger Verliebtheit stammenden Kinder sind gewöhnlich die schönsten und stärksten, und was will die Natur denn sonst? Aber das junge Paar? . . . Nach und nach zerteilen sich die rosigen Wolken, die berauschenden Dünste entschweben, die Verzückung läßt nach, und jedes kommt von der Wirkung des mächtigsten Giftes des Weltalls zu sich, um ein ganz gewöhnliches Wesen an seiner Seite zu finden und sich selbst in jenen Ketten,

die die Menschen mit den Worten „auf ewig" bezeichnen.

Diese beiden sind wirklich unglücklich, wenn sie am
Grabe der Leidenschaft einander gegenüberstehen
und kein anderes Band zwischen ihnen besteht als die
Erinnerung an den verflogenen Rausch. Zum Glück
ist dies durchaus nicht immer der Fall, aber wenn es
so ist, dann muß unvermeidlich ein sehr unglückliches Eheleben folgen. Schopenhauer gibt als Grund
für das Unglück solcher Ehen die Tatsache an, daß
„durch sie für die kommende Generation auf Kosten
der gegenwärtigen gesorgt wird" und zitiert das spa-
nische Sprichwort: „Quien se casa por amores, ha da
vivir con dolores. Wer aus Liebe heiratet, muß in
Kummer leben". Vom Standpunkt des persönlichen
Interesses und nicht des Interesses der zukünftigen
Generation scheint es gewiß ein Mißgriff, den Gegenstand seines heftigen Begehrens zu heiraten, wenn
nicht auch geistige Übereinstimmung, Interessen-
gemeinschaft und noch viele andere Verbindungs-
punkte bestehen. Aber unter dem Einfluß unterdrückter Leidenschaft verlieren die Leute die Klarheit ihres
geistigen Schauens und sind daher mehr oder weniger urteilsunfähig.

Es soll jedenfalls Leidenschaft in der Ehe sein, so weit
gehe ich mit Maugham. Aber sie soll nur die äußere
Hülle sein, ein Flammengewand, dessen Berührung
Entzückung bedeutet, aber bei dem, wenn es von der
Glut aufgezehrt ist, noch die Liebe als festes Gefüge
von Freude und Schönheit besteht, das aufrecht bleibt
unter der Asche der Leidenschaft. „Wirkliche, auf
Übereinstimmung der Gesinnung gegründete Freundschaft tritt meistens erst dann hervor, wann die ei-

gentliche Geschlechtsliebe in der Befriedigung erloschen ist". (Schopenhauer, Metaphysik der Liebe).

Von den K o n v e n i e n z e h e n gibt es zwei Sorten. Die ganz gewinnsüchtige, wo Geld, soziale Stellung oder irgend eine persönliche Erhöhung auf einer oder beiden Seiten der Beweggrund war, ohne die Grundlage irgend einer Neigung, und die halb gewinnsüchtige, wo diese Gründe durch das Vorhandensein von Zuneigung oder Sympathie gemildert werden. In diese Kategorie gehören die Leute, die hauptsächlich aus Rücksicht auf ihr Geschäft oder ihren Beruf heiraten, wie der junge Rechtsanwalt, der die Tochter seines Chefs heiratet, oder der junge Arzt, der in die Familie des alten Doktors einheiratet. Hier erinnert man sich an den Vater, der seinem Sohne riet, nicht des Geldes halber zu heiraten, aber nur dort zu lieben, wo sich Geld befindet. Zweifelsohne erhöht der Besitz von ein wenig Geld oder Einfluß den Reiz eines Mädchens in den Augen des vorwärtsstrebenden, modernen jungen Mannes. Wenn man in Betracht zieht, wie schwer es heutzutage ist, sein Auskommen zu finden, kann man alles in allem diese Gründe nicht tadeln, wie trostlos sie auch vom Gefühlsstandpunkt erscheinen mögen. Ich glaube jedoch nicht, daß es außerhalb der Grenzen jener Welt, die man die „Lebewelt" nennt, viele g a n z gewinnsüchtige Konvenienzehen gibt. Die Leute, welche nicht diesen blendenden Gesellschaftskreisen angehören, sind der Ehe gegenüber zurückhaltend genug und fürchten sich vor den großen, noch hinzukommenden Hemmungen, die eine solche Ehe mit sich bringen würde. Natürlich sind diese Verbindungen beinahe immer trostlose Mißgriffe, und ich möchte wissen, was ihre Opfer anderes erwartet haben können.

Wir kommen nun zur dritten Gruppe, der E h e z u
b e s t i m m t e m Z w e c k . Diese Ehen sind mit der
halb gewinnsüchtigen entfernt verwandt, aber es ist
nichts Gewinnsüchtiges an ihnen, da sie gewöhnlich
aus höheren Beweggründen eingegangen werden. In
diese Klasse gehören die Witwer, die um ihrer Kinder
willen heiraten, die alten Mädchen, deren Beweggrund der Wunsch nach Mutterschaft ist, die Männer
und Frauen, die heiraten, um ein Heim zu besitzen
oder einen Lebensgefährten. Alle diese Gründe sind
genügende Rechtfertigungen und alle die Leute, die
die Ehe mit einem bestimmten Ziel beginnen, nehmen
sie gewöhnlich sehr ernst und sind entschlossen, sie
gedeihlich zu gestalten. Solche Ehen erweisen sich
gewöhnlich als sehr glücklich, vielleicht gerade, weil
so wenig verlangt wird. Der Geist der Zufriedenheit
hat einen ausgezeichneten Einfluß im Eheleben, da
die Liebe oft durch ihre eigenen übertriebenen Forderungen, wie ich später zu zeigen versuchen werde,
getötet wird.

Der Ausdruck Z u f a l l s e h e scheint mir am besten
jene Verbindungen zu bezeichnen, in welche die
Männer ohne besonderen Grund, manchmal beinahe
gegen ihren Willen, hineintreiben. Die Natur kümmert sich nicht darum, wie die jungen Leute zusammenkommen, so lange sie nur zusammenkommen,
und manchmal gerät ein Mann in die Ehe beinahe,
ohne es zu merken. Ich schreibe absichtlich ein Mann,
da eine Frau nie in den Ehestand getrieben wird. In
diesen Fällen ist es gewöhnlich ihre feste und wohl-
überlegte Absicht, die den Mann in den ihm unbe-
kannten Hafen der Ehe gelenkt hat. Er ist bloß den
Weg des geringsten Widerstandes gegangen, und hat
zu seiner Überraschung gefunden, daß er zum Altar

führt. Bernard Shaw hat ein sehr unterhaltendes und trotzdem überzeugendes Bild dieses Mannövers in „Mensch und Übermensch" entworfen, wo er auch seiner Überzeugung Ausdruck gibt, „daß die Männer, um sich selbst zu schützen, die schwache romantische Vorstellung aufgebracht haben, daß in Geschlechtsdingen die Initiative immer vom Mann ausgehen müsse. Aber diese Behauptung ist so hohl, so unwirklich, daß sie sogar auf dem Theater, dieser letzten Zuflucht des Unwirklichen, nur den Unerfahrenen imponiert. In den Stücken Shakespeares ergreift die Frau immer die Initiative. In seinen Schauspielen und Lustspielen konzentriert sich ebenfalls das Lebensinteresse darauf, zu sehen, wie die Frau den Mann zu Tode hetzt . . . . Die Behauptung, daß die Frauen nicht die Initiative ergreifen, ist geradezu possenhaft. Die ganze Welt ist ja mit Schlingen, Fallen, Netzen und Fallgruben besät, mittels welcher die Frauen den Mann einfangen. Man nimmt an, daß die Frau regungslos warten muß, bis um sie geworben wird; ja, sie wartet oft regungslos, so, wie die Spinne auf die Fliege wartet. Die Spinne spinnt ihr Netz und wenn die Fliege gleich meinem Helden die Kraft zeigt, sich loszumachen, wie schnell verläßt da die Spinne ihre vorgebliche Passivität und schlägt Faden um Faden um ihr Opfer, bis sie es für immer gefesselt hat!"

D i e   E h e   a u s   N e i g u n g. „Kennen Sie irgendwelche ganz glückliche Ehepaare?" wird in einem bekannten Stück gefragt.

„Das ist schwer zu sagen. Oh, die Extasen sind nichts für diese Welt, wissen Sie, wenigstens nicht die ständigen Extasen. Man könnte ebensogut ständige hysterische Anfälle haben. Und wie Sie wohl wissen, werden die Ehen nicht im Himmel geschlossen, und so gibt es vielleicht auch keinen Himmel in der Ehe".

Diese Empfindungen sind geeignet, das unwissende zwanzigjährige Mädchen durch ihre, in ihren Augen gemütlose Unwahrheit abzustoßen und zu ärgern, und die erfahrene Frau von, sagen wir, dreißig Jahren, durch die, in ihren Augen tiefe Wahrheit zu entzücken — so sehr ändern sich unsere Lebensanschauungen im Laufe von ungefähr zehn Jahren.

Vor sechzig Jahren schrieb George Sand: „Du fragst mich, ob du durch Liebe und Ehe glücklich werden wirst? Du wirst es nicht werden, ich bin fest überzeugt davon, weder durch die eine noch durch die andere. Und doch sind Liebe, Treue, Mutterschaft, die wichtigsten, die notwendigsten Dinge in dem Leben einer Frau."

Demselben Gedanken gibt R. L. Stevenson Ausdruck, wenn er sagt: „Ich vermute, daß die Liebe wohl eine zu gewaltige Leidenschaft ist, um in allen Fällen eine gute häusliche Rolle zu spielen." Natürlich wird niemand von den jungen Leuten das glauben wollen, aber es ist eine schreckliche gemeine Wahrheit, daß in der Regel die glücklichsten Ehen diejenigen sind, in welchen sich die Paare nicht zu heftig lieben. Ich spreche von dem gediegenen Alltagsglück, nicht von dem Überschwang und den Verzückungen. Die von der leidenschaftlichen Liebe erhobenen Ansprüche und der fieberhafte Gemütszustand, den sie hervorruft, sind oft der Grund ihres Schiffbruches. „Wenn ich ein Scheusal bin, mein Schatz", sagte ein Mädchen einst zu ihrem Liebsten, als sie einen Streit, den sie selbst heraufbeschworen hatte, wieder beilegen wollte, „so ist es nur, weil ich dich zu sehr liebe". — „Dann um Himmelswillen, liebe mich weniger und behandle mich besser", gab der gekränkte Liebhaber zur Antwort, und wir können seine Gefühle nur teilen.

Ich habe absichtlich das Wort N e i g u n g in dieser Abteilung statt eines Wortes gebraucht, das einen höheren Gefühlsgrad bezeichnet, und ich konstatiere ohne Zaudern, daß im allgemeinen die glücklichsten Ehen jene sind, die sich, „wenn der süße Liebeszauber, jenes Süße, das beinahe Gift ist" nicht mehr wirkt, zu jenen gemäßigteren, anspruchsloseren, friedlichen und harmonischen Verbindungen entwickeln, die man mit Neigungsehen bezeichnen kann. Den heißblütigen jungen Leuten und jungen Mädchen, die unermüdlich nach der höchsten Lebensfreude streben, von denen keines diesen prosaischen und unrühmlichen Rat hören mag und die alles auf den Glauben setzen wollen, daß der erste Liebeszauber ewig dauert, denen sage ich: „Trachtet eure Rosenromantik auf andere Weise zu finden, sucht sie nicht in der Ehe, ihr werdet, wenn euer Fall keine Ausnahme der Regel bildet, unvermeidlich einen schrecklichen Mißgriff tun! O, fragt mich nicht, wie ihr es machen sollt, aber erinnert euch dessen, was ich sage, und heiratet nicht, bis nicht die ruhige, gemäßigte, schöne und friedvolle Neigung, über die ihr jetzt spottet, in euren Augen ein Hafen des Friedens vor den Stürmen und Lasten des Lebens geworden ist, und das höchste Gut, das es euch bieten kann."

Ein anderer Grund, warum die Neigungsehe am ehesten glücklich wird, ist, weil die gegenseitige Achtung einen so breiten Raum in ihr einnimmt, und wie ungeheuer wichtig diese in dem heiligen Ehestand ist, kann niemand wissen, bevor er heiratet. Ich werde über die außerordentliche Notwendigkeit der Achtung im Eheleben später noch mehr zu sagen haben.

II. Warum Mann und Frau auseinandergeraten: Zwistigkeiten

„Man mag sagen, was man will: der Mann, der der Ehe ausweicht, ist ähnlich demjenigen, der vor der Schlacht davonläuft."

R. L. Stevenson.

Wir haben über jene Typen von Ehen gesprochen, die von Anbeginn mehr oder weniger zum Mißraten verurteilt sind, und kommen jetzt zu den Ursachen, warum so viele Ehen unglücklich werden, bei denen augenscheinlich alle äußeren Umstände glücklich waren.

Ich glaube, es war Sokrates, der sagte: „Ob ihr heiratet oder nicht heiratet, ihr werdet es bereuen." Die Leute, die behaupten, daß die Ehe ein Mißgriff ist, scheinen aus den Augen zu verlieren, daß diese Form des Geschlechtslebens nicht des Glückes halber eingerichtet wurde, sondern um die Bedürfnisse der Gesellschaft zu befriedigen, und solange diese Bedürfnisse durch die Ehe befriedigt werden, muß die Institution als erfolgreich betrachtet werden, wie unglücklich auch viele Verheiratete sein mögen.

Wenn die Gründe, „warum Mann und Frau auseinandergeraten" erschöpfend behandelt werden sollten, dann würde dieser Gegenstand einige hundert riesenhafte Bände füllen, ich glaube, eine ganze Bibliothek könnte mit Büchern über dieses Kapitel gefüllt werden. Seit Adam und Eva eine Auseinandersetzung über ihr Dessert hatten, haben Männer und Frauen immer gestritten und der demütige Philosoph, der sagte, daß „gewisse Leute so erbittert und regelmäßig stritten wie Mann und Frau," beschrieb nur einen Zustand, den die Gewohnheit ihm vertraut gemacht hatte.

Wie überhaupt im Leben, kommt es auch in der Ehe auf die kleinen Dinge an, und das gebrechliche Schiff ehelichen Glücks scheitert hauptsächlich an den unbedeutenden, kaum sichtbaren Felsen, an der kleinlichen Eifersucht, dem unscheinbaren Ableugnen, den kleinen Aufregungen, den kleinen Launen, den kleinen beißenden Worten, die nach und nach so viele kleine Löcher in die Steuerung bohren, daß zum Schluß ein nicht mehr gut zu machendes Leck entstanden ist, und das Schiff beim nächsten Sturm scheitert. Die großen Hindernisse verursachen einen größeren Krach, wenn man auf sie stößt, aber man kann sie von weitem sehen und glücklich an ihnen vorbeikommen.

Ein unglücklicher Ehemann, bei dem es gerade zur Trennung kommen sollte, (obzwar er zu jenen gehört, die aus „wahnsinniger Liebe" geheiratet hatten) vertraute mir einst an, daß die erbittertsten und fürchterlichsten Streitigkeiten zwischen ihm und seiner Frau immer wegen einer äußerst kleinlichen Ursache begonnen hatten, gewöhnlich, weil er ihre Kleider nicht bewunderte! Kann etwas kläglicher und abgeschmackter sein! „Warum", fragte ich ihn, „wenn es Ihnen so darum zu tun ist, den Frieden aufrecht zu erhalten, wagen Sie denn irgend eine Kritik an den

Kleidern?" „Oh, ich gebe ja nie eine ab," war die Antwort. „Sie fragt mich um mein Urteil über ein neues Kleid, zum Beispiel, und wird böse, wenn es abfällig ist. Dann werde ich natürlich auch böse, ich bin ja kein Heiliger, und gleich kommt es zu Beschimpfungen und Worten, die wie Hiebe sitzen. Dann drücke ich mich für ein paar Tage, und dann ist natürlich der Teufel los, wenn ich wieder heimkomme, und es beginnt von neuem. Sehen Sie, der jetzige Streit hat ungefähr fünf Wochen gedauert, und im Anfang war es einfach nur deshalb, weil ich sagte, die Straußfeder auf ihrem Hute gefalle mir nicht!"

Noch ein Beispiel. Ich traf einst bei einem Rennen eine Schulfreundin, die ich seit langem aus den Augen verloren hatte, das letztemal als liebende und geliebte jung verheiratete Frau sah. Jetzt war sie sehr verändert und hatte harte und hagere Züge. Ich fragte nach dem Mann, der mir als strahlender Bräutigam in Erinnerung war.

„Oh, er ist den Weg aller Gatten gegangen," sagte sie mit einem Seufzer. „Er ist Lebemann geworden, meine Liebe."

„Was Sie nicht sagen!" rief ich erschrocken und bekümmert.

„Ja, er hat sich zum Lebemann herausgebildet und das hat unsere Liebe zugrunde gerichtet," war die zynische Antwort.

Es war allerdings so. Treue und Magenverstimmungen vertragen sich schlecht miteinander, und der Gatte meiner Freundin hatte sich eine gefährliche Fertigkeit angeeignet, sein Mittagessen ins Feuer zu werfen, wenn es ihm nicht schmeckte, eine allerdings das häusliche Glück nicht fördernde Gewohnheit.

Die Kost ist wirklich eine der Hauptquellen von Reibungen in der Ehe. Es klingt possenhaft, aber ich meine es ganz im Ernst. Die Kost, ihre Anordnung und Zubereitung und die daraus erwachsenden Kosten bedeuten eine der größten Tragödien im Dasein einer Frau. Die Zeit, die alles heilt, stumpft Gott sei Dank auch die Heftigkeit dieser Pein ab, und Matronen von ungefähr fünfzig Jahren sind imstande, der täglichen Bürde der Abfassung des Speisezettels mit einer gewissen Gleichgültigkeit entgegenzutreten. Aber für eine Frau, welche das kritische Alter noch nicht erreicht hat, das man charakteristischerweise mit der Bemerkung: „hm, gerade so alt wie alle andern, nämlich fünfunddreißig" bezeichnet, ist dieser Faktor das größte Kreuz, während so mancher Braut die erste Zeit der jungen Ehe durch die schreckliche und stets wieder neu erstehende Notwendigkeit, die richtige Kost für ihren Lebensgefährten zu finden, total verdorben wurde. Die Männer machen sich lustig über die Frauen, weil ihr Lunch, wenn sie allein sind, oft aus einer Schale Tee und einem Ei besteht, aber die Frauen haben einen so angeborenen Haß gegen das Anschaffen, den sie wohl von einer langen Linie leidender weiblicher Vorfahren ererbt haben müssen, daß die meisten von ihnen lieber ganz vergnügt bis zum Ende ihrer Tage von Tee und Butterbrot leben möchten, als täglich der Notwendigkeit ins Auge zu sehen, über einen Speisezettel nachzudenken. Aus diesem Grunde glaube ich, daß vegetarianische Gatten besonders begehrenswert sind, da das Grundprinzip der Ernährungsreform die Einfachheit ist. Jene, welche darauf eingehen, erwerben eine ganz neue Anschauung von der Bedeutung der Ernährung und sind rührend leicht zufrieden zu stellen. Ich kenne eine Frau, deren Mann Vegetarier ist, und sie erklärte, daß die Ernährungsfrage, die einen so zerstörenden Faktor in den meisten Häusern bildet, ihr nie auch eine einzige Träne, ein Stirnrunzeln, ein böses Wort oder einen Wink eingebracht hätte. Sie versicherte mir, daß ihr Mann zum Frühstück mit einer Banane, zum zweiten Frühstück mit einem Kopf Salat, zum Mittagessen mit einer Dattel und zum Abendessen mit einer gesalzenen Mandel ganz zufrieden sein würde. Als das Haus aus Anlaß einer großen Abendgesellschaft auf den Kopf gestellt wurde und es nicht möglich war, das gewöhnliche Mittagessen zu bereiten, da aß dieser Engel von einem Gatten im Badezimmer Käsebrödchen anstatt des Mittagessens und war noch dazu sehr entzückt davon. Ich konnte es zuerst kaum glauben, aber es soll tatsächlich so gewesen sein.

Unter den vielen niedrigen Ursachen der Reibung in der Ehe bildet die verschiedene Empfindlichkeit gegen Temperaturen ganz gewiß eine sehr reiche Quelle von Zwistigkeiten. Wenn der eine bei offenem Fenster zusammenschaudert und der andere ein Freiluftfanatiker ist und nicht atmen kann, wenn es geschlossen ist, dann ist eine Kette von Unglücksmöglichkeiten die Folge davon. Ich glaube, es war Napoleons zweite Frau, Marie Louise, die sich, wenn sie wollte, ihren Gatten fernhalten konnte, bloß dadurch, daß sie ihre Gemächer kalt hielt. Dem großen Mann war es nur gemütlich in einem sehr heißen Zimmer mit einem flackernden Kaminfeuer.

Der Mangel an Humor, etwas sehr Bedauerliches, ist noch eines jener winzigen Felsenriffe, an denen das eheliche Glück so oft scheitert. Das ist ganz natürlich, denn die Abwesenheit dieser unschätzbaren Eigenschaft gehört zu den ärgsten Entbehrungen eines Reisenden auf der Fahrt durch das Leben. Unter den Männern ist die Überzeugung verbreitet, daß alle Frauen unter diesem Mangel leiden, aber ich glaube, wir können es uns leisten, ihnen diese Täuschung zu belassen, da sie ihnen so viel Befriedigung bereitet. Ich hatte einmal einen journalistischen Freund mit einer schrecklich unverdaulichen und außergewöhnlich betrübenden literarischen Gewohnheit. Dieser arme Teufel bildete sich ein, ein Humorist zu sein, und ich mußte oft das Vorlesen vieler Seiten voll trostloser und mühseligster Scherze über mich ergehen lassen, die er für ein Blendwerk an Witz und Geist hielt. Mein geduldiges, langmütiges Zuhören verschaffte meinem obgesagten mangelhaften Verständnis für Humor nur bitteren Hohn, aber meine Kritik inspirierte den jungen Mann zur Abfassung eines zynischen Artikels über „die Frauen und den Humor", eines Artikels von jener Sorte, an der die Verleger — da sie Männer sind — Gefallen finden und daher schweres Geld dafür bezahlen.

Tatsache ist, daß das, was die Männer zumeist unterhält, die Frauen langweilt und umgekehrt. Aber es ist gewiß unlogisch, daraus abzuleiten, daß der Sinn für Humor bei den Frauen geringer ist als bei den Männern, oder daß er gar nicht besteht. Da jedoch diese scheinbar so unbedeutende Sache von solcher Bedeutung im ganzen Leben ist, gleichviel ob es in einem Palast, in einem Kloster, in einer Villa oder einem Arbeiterhaus dahinfließt, so glaube ich, eine Frau täte gut daran, Heiterkeit zu heucheln, wenn sie keine fühlt, mit ihrem Herrn und Gebieter zu lachen, selbst wenn sie die Pointe nicht versteht und sich nichts daraus zu machen, wenn er nicht mit ihr lacht.

Die Leute, die über die Ehe geschrieben haben, scheinen diesem wichtigen Punkt keine Bedeutung beigemessen zu haben. Stevenson bildet eine Ausnahme, er sagt: „Wenn die Leute über denselben Spaß lachen oder so manchen alten Scherz gemeinsam haben, der durch die Zeit nicht verblaßt und die Gewohnheit nicht flau wird, so wird das — mit Verlaub gesagt — eine bessere Vorbereitung für das gemeinschaftliche Leben sein, als so manche Dinge, die in der Welt einen edleren Klang haben. Man kann, wenn man will, Kant für sich allein lesen, aber einen Scherz muß man mit jemandem teilen."

Und wirklich bildet ein gemeinschaftlicher Scherz, eine alte Anspielung, über die beide zu lachen gewohnt sind, ein mächtigeres Band als so manches tiefere Gefühl. Man erinnert sich an diese Kleinigkeiten noch lange, nachdem man die ergreifendsten Augenblicke der Leidenschaft, den atemraubenden Herzschlag und die stürmischen Umarmungen vergessen hat, die einst unsterbliche Erinnerungen zu geben versprachen. Alles, alles ist vergessen, aber der dumme kleine Spaß hat noch immer die Macht, Tränen in unsere Augen zu locken, wenn der eine, mit dem wir den Scherz durchlebt haben, für immer dahin ist.

Eine Menge Leute sind unglücklich, die mit einem anderen Gefährten oder einer anderen Gefährtin ganz glücklich geworden wären. „In der Ungleichheit der

Temperamente liegt die Hauptursache des Unglücks in der Ehe. Mangelnde Harmonie der Geschmacksrichtungen macht viel aus, aber das Nichtzusammenpassen des Temperaments noch mehr". Manches Paar paßt so lächerlich schlecht zusammen, daß man sich wundert, wie sie je davon geträumt haben können, das Glück beieinander zu finden. Daran sind wieder zumeist die unsinnigen konventionellen Sitten schuld, die das gegenseitige Kennenlernen der ledigen Männer und Frauen so sehr erschweren. Es ist jedoch in dieser Hinsicht während der letzten zehn oder zwanzig Jahre um soviel besser geworden, daß wir nicht murren sollten; aber selbst jetzt, wenn ein Mann dem Beisammensein mit einem Mädchen den entschiedenen Vorzug gibt, wird sein Name in einer Weise mit dem ihren verknüpft, die einen jungen, aller Eheabsicht ermangelnden Mann in Unruhe zu versetzen geeignet ist. Jene Reliquie aus alten Zeiten, der nach den „ernsten Absichten" fragende Verwandte, ist durchaus nicht ausgestorben, und so manche vielversprechende Freundschaften, die vielleicht in einer glücklichen Ehe geendet hätten, sind durch das plumpe Eingreifen dieses barbarischen Verwandten verdorben worden.

Ein mir befreundeter Rechtsanwalt — nennen wir ihn Anthony — versuchte einst aus Berufsrücksichten, sich einem töchterreichen Gerichtsrat angenehm zu machen. Da er sehr schlau war, wählte er für seine Aufmerksamkeiten eines der Mädchen, die noch in der Schulstube steckten, und entging so der Notwendigkeit, ihren ältern und heiratsfähigen Schwestern ein besonderes Interesse zu zeigen. Sein vertrauter Verkehr in der Familie machte gute Fortschritte, und der Vater wurde ihm ein sehr nützlicher Chef. Jedoch entdeckte er mit der Zeit zu seinem Mißvergnügen, daß seine kleine Freundin Amaryllis herangewachsen war und er in der Familie als ihr besonderes Besitztum betrachtet wurde. Nun übertrug er rasch seine Anhänglichkeit auf Aphrodite, das damals jüngste Schulmädchen der Familie, und dadurch rettete er sich vor den Verpflichtungen gegen Amaryllis, wahrte sich aber doch gleichzeitig die wertvolle Freundschaft des Vaters. In einer unglaublich kurzen Zeit war jedoch Aphrodite auch heiratsfähig, und die Familie erwartete neuerdings, sich Anthony als ständiges Familienmitglied zu sichern. Er führte wieder dasselbe Manöver aus und wählte diesmal die kleine Andromeda, die direkt ein Kind aus der Kinderstube war. Obzwar die Familie enttäuscht war, hegte sie noch Hoffnungen und so gingen die Jahre friedvoll dahin, brachten einige Schwiegersöhne mit sich und eine Menge Bonbonnièren für die harmlose Andromeda. Als jedoch auch diese heranwuchs, fürchtete der schlaue Anthony, daß seine einträgliche Freundschaft nun unvermeidlich ein Ende haben müsse, da die einzige übrigbleibende Tochter schon das gefährliche Alter von fünfzehn Jahren erreichte und überdies den unsympathischen Namen Anactoria trug.

Eine lange Freundschaft und eine kurze Verlobung sind vielleicht die beste Zusammenstellung. Eine lange Verlobung gehört zu den gefährlichsten Beziehungen zwischen den Geschlechtern, die man sich denken kann. Für die Frau bedeutet sie die Nachteile der Ehe ohne deren Reiz eines ruhevollen Abschlußstadiums oder irgendwelche Vorteile der Welt gegenüber. Für den Mann wieder bedeutet sie die Lästigkeit des Ehejochs ohne seine Befriedigung und sein Behagen. Wirklich, für den Mann ist eine lange Verlobung besonders hart, da der Frau wenigstens die Last der Anordnung der Speisen und der Beschäftigung mit der Dienerschaft erspart bleibt. So manche wahre Neigung ist schon durch die Einschränkungen und Aufreibungen einer langen Verlobung zugrunde gerichtet worden. So manche echte Leidenschaft ist in ihrem trüben Lauf versandet, bis nur ein schwacher Schimmer der großen Flamme übrig blieb, um das Eheleben zu erhellen, und Mann und Frau das Zeichen der niedergehaltenen Glut tragen, welche unter glücklicheren Umständen zu freudigem Genießen geführt hätte. Auch ihren Kindern fehlt es oft an Lebenskraft, und man merkt ihnen an, daß die Glut erlosch, bevor sie gezeugt wurden.

Ich weiß nicht, wer zuerst das Wort von der „schrecklichen Intimität des Ehelebens" geprägt hat. Es ist gewiß ein richtiger Ausdruck, und man möchte wissen, zu welcher Zeit der Geschichte der Menschen man begonnen hat, diese Intimität „schrecklich" zu finden. Es klingt wie eine recht moderne Klage, und man fühlt, daß sie nicht von unseren Großmüttern geäußert wurde, die ihre Gatten als eine Art sichtbare Verkörperung des Willens des Herrn betrachteten und dementsprechend verehrten. Es würde ihnen nie beigekommen sein, das lästig zu finden, was Mrs. Lynn Linton die „enge Stubenabgeschlossenheit des englischen Heims" nennt.

Es ist viel über die Herabwürdigung der Liebe durch die Gewohnheit gesprochen worden, und Alexander Dumas beurteilt die ganze Frage erschöpfend in einem kristallklaren Satz: „Wo in der Ehe Liebe ist, tötet die Gewohnheit sie; doch wo keine ist, da ruft sie sie wach." Das ist durch und durch wahr und für jede

Leidenschaft, welche die Gewohnheit ertötet hat, hat sie wohl umsomehr echte Neigungen hervorgerufen.

Der Plan der Sparter, den Eheleuten nur verstohlene Zusammenkünfte zu gestatten, zeigt ein scharfes Verständnis für die menschliche Natur und hat viel für sich, wenn es sich darum handeln sollte, die Zeit der Leidenschaft zu verlängern. Aber wir haben es nicht mit der Leidenschaft zu tun, sondern mit der gewöhnlichen Zuneigung zwischen Leuten, die unter den erschwerenden Verhältnissen der modernen Ehe zu leben haben, und in diesen Verhältnissen muß man, was die durch die Gewohnheit hervorgebrachten Wunder anbetrifft, mit Dumas übereinstimmen.

Wenn die Leute es nur anerkennen wollten: die Gewohnheit ist der Kitt, der das Gebäude der Ehe zusammenhält. Wenn nur die leichteste Grundlage gegenseitiger Harmonie gegeben ist, so wird einem im Lauf der Jahre der Gefährte ganz unentbehrlich, und zwar nicht wegen seines Zaubers und der Liebe, die wir für ihn hegen, sondern einfach, weil er oder sie ein Teil unseres Lebens sind. Darum halte ich die Politik der steten Trennung für töricht. Sie basiert wohl auf der irrtümlichen Annahme, daß die Abwesenheit zärtlicher macht. Dort, wo die Grundlage gegenseitiger Harmonie nicht besteht, mag es richtig sein. Und wenn zwei Leute sich nicht mögen und schlecht miteinander auskommen, kann eine kurze Trennung dazu dienen, die Spannung zu lösen und sie mit dem Vorsatz zurückzuführen, in Zukunft die Dinge ruhiger zu nehmen; aber dort, wo eine Neigung besteht, scheint mir die Trennung ein Mißgriff. Man gewöhnt sich, ohne einander zu leben, und jene verbindende Kette kleiner täglicher Vertraulichkeiten, oft wiederholter Späße, teuer gewordener Gewohnheiten ist für eine Zeit entzweigerissen, und es ist nicht leicht, sie wieder zusammenzufügen. Meine Freundin Miranda sagte mir vor einiger Zeit: „Wenn Lysander einen Tag von mir weg war, habe ich ihm bei seiner Rückkehr eine Menge Sachen zu erzählen — aber wenn wir einen Monat getrennt waren, fällt mir absolut nichts ein, was ich ihm sagen könnte."

Ich glaube de la Rochefoucauld sagt: „Die Trennung vertieft große Leidenschaften und vermindert kleine, gerade wie der Wind die Kerze auslöscht und das Feuer anfacht." Das ist vom literarischen Standpunkt aus sehr fein gesagt, aber ist es auch wahr? Meine Erfahrung sagt mir: nein. W ä h r e n d der Abwesenheit scheint dieses Aphorisma allerdings wahr zu sein. Die Enttäuschung kommt erst beim Wiedersehen. Wer erinnert sich nicht an jene erste Trennung von dem Geliebten, die zahllosen Briefe, die endlosen Gedanken, die unaufhörliche Sehnsucht und die unerschöpflichen Pläne für das herrliche Wiedersehen. Was für ein Wiedersehen das werden soll! Wie verweilt man in Gedanken bei der ersten lieblichen Freude, durch den Blick begehrt zu werden; bei der noch lieblicheren des Händedrucks und bei der lieblichsten von allen: wenn ein herrlicher Kuß die Lippen verschließt und die Umarmung nicht enden will, in deren Seligkeit alle Traurigkeiten der Trennung versinken sollen — und ach! Gelächter der Hölle! wie ganz anders ist es in Wirklichkeit! Was für eine abscheuliche Enttäuschung ist das Wiedersehen! Wie anders sieht der Liebste aus als in unseren leidenschaftlichen Träumen; seine Haare sind schon viel zu lang; seine Stiefel gefallen uns nicht; seine Krawatte ist nicht nach unserem Geschmack; seine Art zu sprechen gefällt uns gar nicht; in seinem Kuß ist kein Beben; seine Bemerkungen sind langweilig; seine Anwesenheit reizt einen: kurz und gut, w i r h a b e n u n s d a r a n g e - w ö h n t , o h n e i h n z u s e i n , und so erscheint uns nichts recht, was er tut. Armer Geliebter! Dachtest du dasselbe von uns? Bist du auch enttäuscht? Sagtest du dir auch: „Wie müde sie aussieht! Bei Gott, sie bekommt ein Doppelkinn! Ich dachte, rosa steht ihr gut! Was hat sie mit ihrem Haar angefangen? Ihre Stimme klingt schärfer. Warum lacht sie so? Ihre Zähne gefallen mir nicht. Bei Gott, sie ist häßlich!" Kurz und gut, „er hat sich auch daran gewöhnt, ohne uns zu sein." Wenn die Gatten das einmal durchgemacht haben, dann gerät das Schiff ‚Eheglück' in gefährliche Strömungen, aus denen die Gefahr des Schiffbruchs drohend emportaucht.

Aber es ist ebenso verhängnisvoll, in das andere Extrem zu verfallen, und ich gebe jener Schriftstellerin (wie heißt sie?) ganz recht, die sagte, daß es in keinem Haus gut gehen könne, wenn die männlichen Mitglieder der Familie nicht mindestens täglich sechs Stunden auswärts sind, ausgenommen Sonntag. Ich bedaure jene Frau tief, deren Gatte durch seinen Beruf oder in Ermanglung eines solchen den ganzen Tag zu Hause ist. Wenn man außer seinem Frühstück und seinem Mittagessen noch seinen Lunch zusammenzustellen und anzuschaffen hat, so muß schon das eine harte Prüfung sein. Schon aus diesem Grunde — und noch so manchem anderen — sollte eine Frau nie einen Mann heiraten, der nicht i r g e n d e t w a s zu tun hat. Wenn er keinen Broterwerb hat, der ihn aus dem Bannkreis der weiblichen Tätigkeit täglich für einige Stunden entfernt, dann muß er eine Passion haben oder eine Spielmanier oder sonstige, ihn in

Anspruch nehmende Pflichten, die demselben Zweck dienen. Wo das nicht der Fall ist, da muß die Frau von übermenschlicher Güte sein und unendliche Liebe, Takt und Geduld besitzen, wenn beide glücklich miteinander leben sollen.

Dasselbe gilt auch für die Frauen, obzwar es nicht allgemein anerkannt ist. Ich bin davon überzeugt, daß eine große Anzahl der Ehen des Mittelstandes bloß deshalb unglücklich werden, weil die Frau nicht genug zu tun hat. Da sie genug Dienerschaft hat, so nehmen ihre Wirtschaftspflichten einen sehr kleinen Teil ihrer Mußestunden in Anspruch, und wenn die Kinder in der Schule sind (oder sie hat vielleicht keine), dann hat sie nichts Absorbierenderes zu tun als Romane zu lesen und Besuche zu machen. Die Folge davon ist, daß die einen ihre Nerven beobachten und halbinvalide Neurasthenikerinnen werden; die anderen sich für das männliche Geschlecht interessieren und ihre freie Zeit mit unerwünschten Liebeleien ausfüllen; daß die dritten sich Launen, melancholischen Stimmungen oder eifersüchtigen Phantasien hingeben usw. — und alle sind sie bloß aus Mangel an genügender Beschäftigung untauglich geworden, die richtige Lebensgefährtin des Mannes zu sein.

III. Das Heiratsalter

„Das Merkwürdige für mich ist nicht, daß so viele Leute unverheiratet bleiben, sondern, daß sich so viele in die Ehe stürzen, wie sie auf eine Bahnstation losstürzen würden, um einen Zug zu erreichen. Wenn man den falschen Zug erwischt, was dann? Alles, was einem zum Troste bleibt, ist die Tatsache, daß man gereist ist."

Robert Hichens.

Eine große Zahl unglücklicher Ehen könnte vermieden werden, wenn die Leute das richtige Heiratsalter finden könnten. Da es bei jedem Individuum ein andres ist, kann man unmöglich eine Regel darüber festlegen. Manche Männer sind imstande, mit zweiundzwanzig Jahren eine gute Wahl zu treffen, andere wieder kennen sich selbst nicht einmal, wenn sie doppelt so alt sind. Manche Mädchen sind schon unter zwanzig Jahren für den Ehestand und die Mutterschaft geeignet, andere sind es nie.

Im Interesse der abstrakten Moral sind frühe Heiraten wünschenswert, und in England tut das Gesetz alles, was es nur kann, um sie zu ermuntern. In Frankreich wird die Erhaltung der Familienautorität als hochwichtig betrachtet, und das Gesetz versucht augenscheinlich, frühe Verbindungen durch alle ihm zu Gebote stehenden Mittel zu verhindern, unbekümmert um den hohen Prozentsatz der unehelichen Geburten, welche die direkte Folge davon ist [1].

Im allgemeinen sollte keine Frau heiraten, ehe sie nicht etwas vom Leben versteht, eine Menge Männer kennen gelernt hat, eine gewisse Kenntnis der Physiologie und ein klares Verständnis des wirklichen Wesens der Ehe gewonnen hat. Keine Frau sollte heiraten, ehe sie nicht den Wert des Geldes und die Führung des Haushalts kennen gelernt hat, ehe sie nicht genügend jugendliche Heiterkeit erfahren hat, und so vorbereitet ist für die ernsteren Dinge des Lebens. Nicht früher ist sie geeignet, in der Einförmigkeit der Ehe glücklich zu sein, und ihr Herz der Notwendigkeit der Treue für einen Mann, in Gedanken ebenso sehr als in der Praxis, anzupassen. Auch der Mann ist, im großen und ganzen genommen, nicht geeignet, sich glücklich zu verheiraten, ehe er nicht genügend vom Leben gesehen, sich eine Philosophie ausgearbeitet, und eine tüchtige Kenntnis der Frauen sowie das daraus folgende Verständnis erworben hat, wie man eine Frau glücklich macht. Das ist nicht so leicht geschehen, wie die Männer glauben, und es verlangt Lehrzeit. Wenige Männer unter dreißig sind geeignet, eines Weibes Hort zu sein, und der Himmel bewahre ein Mädchen vor einem jungen Gatten, der noch ein Bengel ist. Gewiß wird sie herrliche Augenblicke haben, denn es liegt etwas Berauschendes in der Glut sehr junger Herzen, und darum finden wir die Ehen zwischen Jünglingen und ganz jungen Mädchen so reizend — in der Theorie. Manchmal, wenn es sich um ein Ausnahmspaar handelt, das besonders gut zueinander paßt, ist so eine Ehe auch wirklich reizend, und dann ist es die schönste Ehe, die man sich denken kann: zwei junge Leute, Hand in Hand die Lebensreise antretend, tapfer, liebend, von den höchsten Hoffnungen geschwellt. Aber gewöhnlich ist die Herrlichkeit nur auf Augenblicke beschränkt; junge Mädchen sind zumeist seicht und leichtfertig. Sehr junge Männer sind oft schrecklich egoistisch und

65

rücksichtslos. Sie sind so stolz darauf, der einzige Besitzer eines reizvollen Weibes zu sein, daß ihre Einbildung, die immer groß ist, zu ungeheuerlichen Proportionen anschwillt, und sie einfach unerträglich werden. Wenn für das junge Paar trübe Tage kommen sollten, hat der knabenhafte Gatte keine Philosophie, um sich aufrecht zu erhalten, keine Kenntnis der Frauen, die ihn befähigen könnte, seine Frau zu verstehen und mit ihr glücklich zu leben, und nicht genug Selbstbeherrschung, um ihr zu helfen. Sie hat dieselben Fehler der Jugend, und das Resultat ist das Fehlschlagen der Ehe. Stevenson drückt das sehr gut wie folgt aus: „In die Schule könnt ihr gut mit bloßen Hoffnungen gehen, aber bevor ihr heiratet, solltet ihr Euch die vielfältigen Lehren, die das Leben gibt, angeeignet haben." Andererseits sagt Grant Allen, „daß die besten Männer sozusagen verheiratet auf die Welt kommen", und daß nur der egoistische, niedrige und berechnende Mann mit dem Heiraten wartet, bis er eine Frau erhalten kann. „Diese gemeine Phrase bemäntelt kaum verborgene Untiefen von Sittenverderbnis", fährt er fort. „Der richtige Mann klügelt nicht mit sich selbst über alle diese Dinge. Er sagt nicht mit selbstsüchtiger Kälte: ‚Ich kann eine Frau nicht erhalten' oder: ‚Wenn ich heirate, verderbe ich mir die ganze Zukunft'; er fühlt und handelt. Er paart sich wie der Vogel, weil er nicht anders kann."

Ich muß sagen, daß jene jungen Männer, die nicht denken, sondern nur fühlen und handeln, meiner Ansicht nach kaum zum höchsten Typus gehören, und daß, wenn es allgemein als Zeichen edler Natur anerkannt würde, sich zu paaren wie die Vögel, die Adelsnaturen gewiß viel weniger selten wären, als sie es heutzutage sind.

[1]. Im Jahre 1903 war ein Zehntel aller in Frankreich geborenen Kinder unehelich, in Paris allein war der Prozentsatz noch weit höher, ungefähr 1 auf 4.

IV. Das „Sichausleben" für Frauen

„Nichts, was zu sagen der Mühe wert ist, ist schicklich."

G. Bernard Shaw.

„Ich glaube nicht an die Existenz der puritanischen Frauen. Ich glaube nicht, daß es eine Frau in der Welt gibt, die sich nicht ein bißchen geschmeichelt fühlen würde, wenn man ihr den Hof macht. Das eben macht die Frauen so unwiderstehlich reizend."

Oscar Wilde.

Sollte es irgendwelche Leser geben, deren Feinfühligkeit bei diesen Zitaten verletzt würde, dann werden sie ergebenst gebeten — nein es wird ihnen befohlen — nicht weiter zu lesen. Und sollte es welche geben, deren Empfindlichkeit schwankt, ohne jedoch einen direkten Stoß erlitten zu haben, dann werden sie liebevoll — nein flehentlichst — ersucht, einige Male das obige Zitat aus Shaws unsterblicher „Candida" zu lesen, sich dann aufzuraffen und den Sprung zu wagen. Ich kann ihnen versprechen, daß es nicht halb so schrecklich sein wird als sie hoffen, ja, daß die ausgesprochene Schicklichkeit dieser Zeilen sie wahrscheinlich bitter enttäuschen wird. — Es ist merkwürdig genug, daß die Frauen, obgleich sie mehr als die Männer zu heiraten bestrebt sind, und alles in ihrer Macht stehende tun, um das zustande zu bringen, wogegen die Männer sich oft sträuben, — trotz allem in der Ehe gewöhnlich am unzufriedensten sind. In den letzten Jahren ist ein seltsamer Geist der Unruhe über die verheirateten Frauen gekommen, und sie rebellieren häufig gegen Bedingungen, über die zu murren unseren Großmüttern nie im Traume eingefallen wäre. Es gibt eine Menge Gründe dafür: der eine ist, daß die Ehe die Erwartungen der Frau sehr enttäuscht (wie ich in dem einleitenden Kapitel sagte). Ein anderer, daß sie sich nicht n a c h   F r a u e n a r t ausleben können. Ich bitte genau die gesperrt gedruckten Worte „nach Frauenart" zu beachten und mich freundlichst nicht mißverstehen zu wollen. Ich bin nicht dafür, daß die allgemein den Männern zugebilligte Freiheit auch auf die Frauen ausgedehnt wird.

„Das Sichausleben" dieser Art, anders gesagt, ein vorehelicher „Freiheitsrausch", war gewiß keine Notwendigkeit für unsere Großmütter. Aber ein gewisser, ziemlich zahlreicher Typus moderner Frauen scheint bessere Gattinen abzugeben, wenn sie dieses Stadium hinter sich haben. Nehmt z.B. die Fälle von Yvonne und Yvette, die ich beide persönlich kenne. Yvette verlobte sich mit achtzehn Jahren und heiratete mit einundzwanzig, im Alter von sechsundzwanzig Jahren war sie Mutter von vier Kindern. Sie hatte kaum Zeit gehabt, die Jugend zu erkennen und zu genießen, ehe ihre Mädchenhaftigkeit unter den Verantwortlichkeiten der Ehe und der Mutterschaft erstickt wurde. Sie hatte ihren ersten Bewerber genommen, und er war wirklich der einzige Mann, von dem sie irgend etwas wußte. Außer ihm hatte sie nichts von den Männern oder der Welt gesehen. Sie hat gewiß nie geflirtet oder Freunde gehabt, und keine andere Bewunderung genossen als die ihres Bräutigams.

Mit sechsundzwanzig Jahren begann Yvette zu erkennen, daß sie um einen sehr kostbaren Teil ihres Lebens und eine unschätzbare Erfahrung betrogen worden war. Obzwar sie eine recht glückliche Gattin und eine hingebungsvolle Mutter war, fühlte sie, daß sie diese Genüsse ebensosehr wie die häuslichen Freuden hätte haben können, und diese Erkenntnis empörte sie.

In ihr Herz schlich eine gefährliche Neugier und eine noch gefährlichere Sehnsucht nach Abenteuern und Erregungen. Sie erkannte, daß es auch noch andere Männer als Markus gab, die sie bewunderten, und daß sie noch eine ganz hübsche und junge Frau war. Mit dreißig Jahren war Yvette eine Meisterin in der Kunst der Intriguen, hatte einige gefährliche Herzensaffären eingefädelt und hätte großen Kummer heraufbeschworen, wenn nicht Markus ein besonders kluger, zärtlicher und verständnisvoller Gatte gewesen wäre.

„Nicht, daß ich ihn nicht zärtlich liebe", vertraute sie mir, als sie sich entschloß, einen anderen Weg zu betreten, „ich möchte ihn nicht für irgend jemand in der Welt hergeben, und du weißt, was die Kinder mir sind, aber dennoch brauche ich auch etwas anderes, etwas Erregendes. Ich spüre, daß ich in meinem Leben keine Lustigkeit gehabt habe, und ich möchte mich gerne ein bißchen austoben, bevor es zu spät ist. Als ich mich verlobte, hatte ich kaum mit jemand anderem getanzt als mit Markus, und in den ersten vier Jahren meiner Ehe bekam ich alle achtzehn Monate ein Kleines. Es gab nichts als kleine Kinder, das eine zu säugen, für das Neuankommende bereit zu sein. Ich hatte ja nichts dagegen, aber die Reaktion mußte kommen, und sie kam. Wenn ich nur dieses Erregende und die Heiterkeit und den Zauber zuerst hätte haben können und dann mit ungefähr fünfundzwanzig Jahren geheiratet hätte, dann wäre ich ganz zufrieden geworden wie Yvonne."

Yvonne hatte sichs wohl besser eingerichtet. Das Schicksal bewahrte sie davor, sich zu früh zu verlieben. Sie hatte immer eine Schar von Verehrern und konnte so die Macht ihrer Weiblichkeit vollauf genießen. Sie reiste, schloß wunderbare Freundschaften mit beiden Geschlechtern, lernte die Welt kennen und bildete sich eine Weltanschauung. Als sie mit neunundzwanzig Jahren heiratete, hatte sie genug von den anderen Männern gesehen, um zu wissen, welchen Mann sie für sich brauchte, und genug Erregung gehabt, um den Frieden und die Ruhe in der Ehe zu schätzen.

Die Geheimnisse vieler Frauen lasten schwer auf meiner Seele, während ich dies schreibe, und so manche Frau, die ernsten Anlaß zu Gewissensbissen hat, vertraute mir, daß nur diese verhängnisvolle Sehnsucht nach Erregung ursprünglich ihr Verderben verursachte. Ich werde meinen Sohn lehren, ja nur eine Frau zu heiraten, die die Periode des „Sichauslebens" hinter sich hat oder eine von jenem altmodischen Typus, die das „Sichausleben" nicht braucht. Bei dem modernen Temperament muß es früher oder später kommen, und wie weit das moderne Temperament sich entwickelt haben wird, bis der Sohn meines Sohnes heiratsfähig ist, das wissen die ironischen Götter allein!

Junggesellen, merkt es Euch. Eine Frau der Neuzeit, die in der halben Welt herumgekommen ist und so manches erlebt hat, wird eine viel bessere Gattin, eine liebevollere Freundin und ein treuerer Gefährte sein, als jene Mädchen, die einander so ziemlich gleichen, deren erste Erfahrung Ihr seid und die enorme Ansprüche an Eure Liebe und Geduld stellen. Ihr werdet vielleicht sogar ein auf Romanlektüre gegründetes Ideal verwirklichen müssen, und das wird Euch sehr lästig fallen, liebe Freunde! Die erfahrene Frau kennt die Männer gründlich, sie erwartet nicht mehr von Euch, als Ihr ihr geben könnt. Sie wird Eure Tugenden aufs Höchste schätzen und sich so gut als möglich mit Euren Untugenden abfinden. „Aber sie hat so schrecklich geflirtet", sagt Ihr. Gut. Um so besser. Dann ist es wahrscheinlicher, daß sie es nach der Verheiratung nicht tun wird. „Aber zum Teufel mit allem anderen — sie ist von anderen Männern geküßt worden", wendet Ihr ein. Ganz gut, dann hat sie kein Bedürfnis nach weiteren Erfahrungen dieser Art und wird ihre Lippen nie wieder einem anderen Mann bieten, sobald sie die Eure geworden ist. „Wie können Sie dessen sicher sein?" „Ja, das gehört zu dem großen Risiko der Ehe. Wie kann denn s i e sicher sein, daß I h r euer letztes Verhältnis hattet?" ... Oh, mein Lieber, Ihr macht mich wirklich böse; um Himmelswillen, trachtet von den konventionellen Vorstellungen von Recht und Unrecht loszukommen. Beurteilt einmal die Dinge für Euch selbst und sagen wir, wie sie auf dem Boden eines speienden Vulkans erscheinen würden! ... Alle Dinge, um derentwillen wir so viel Aufhebens machen, würden zweifelsohne rasch in ihrem wahren Lichte erscheinen, wenn wir sie von dieser gefährlichen Lage aus betrachteten.

Und selbst in den traurigen Fällen, wo eine Frau wirklich im m ä n n l i c h e n Sinne des Wortes „sich ausgelebt" hat, wie anders würden uns die kleinen sittlichen Regeln und Gesetze, die wir für solche Gelegenheiten bereithalten, angesichts eines plötzlichen, gewaltsamen Todes erscheinen! Ich hörte vor kurzem folgende sehr traurige Geschichte. Ein Mann war knapp dem Ertrinkungstode entronnen, kurz nachdem er seine Verlobung mit einem von ihm aufrichtig geliebten Mädchen rückgängig gemacht hatte, als sie ihm gestand, daß sie vor vielen Jahren den Bestürmungen eines leidenschaftlichen Liebhabers einmal nachgegeben hatte. Ich weiß nicht, was er in dem schrecklichen Augenblick empfunden hat, als das Wasser über ihm zusammenschlug und er jenes entsetzliche Ringen nach Luft durchmachte, das von jenen, die es kennen lernten, als die fürchterlichste Empfindung geschildert wird. Augenscheinlich fielen ihm durch den Umstand, daß er mit knapper Not dem Tode entronnen war, die Schuppen von den Augen, und er befreite sich von der konventionellen Meinung, die ihn bis dahin geblendet hatte. Anstatt sich als einen tief gekränkten Mann zu betrachten, erkannte er, daß er sich gegen das unglückliche Mädchen schrecklich benommen hatte, und sie auf diese Weise durch sein Geschlecht doppelt gekränkt worden war. Er suchte sie auf und bat sie, ihn wieder anzunehmen, aber sie war eine zu gescheite Frau und weigerte sich, sich einem Manne von so engen Ansichten und so hartem Urteil anzuvertrauen.

Diese Behandlung steigerte seine Liebe natürlich ins Tausendfache. Sie quälte ihn Tag und Nacht und zum Schluß gewannen seine verzweifelten Bitten die Oberhand, und sie gab nach. Ihre Ehe wurde keine glückliche, wie man sich's denken kann. Sie hatten einander wahnsinnig geliebt, und das Gespenst dieser erloschenen Leidenschaft reckte sich unsichtbar zwischen ihnen empor und vergiftete ihre Freude aneinander. Nach einer Zeit verfiel die Frau in tiefe Melancholie und ließ sich von einer geringfügigen Krankheit so überwinden, daß sie daran starb.

Als sie starb, soll sie zu ihrer treuen Freundin gesagt haben: „Wenn du je einer anderen Frau begegnest, die einen kleinen Fehltritt begangen hat — etwas, was ihr damals so natürlich und unvermeidlich erschien, daß es gar keine Sünde war — dann sage ihr, daß sie es nie, n i e dem Manne, den sie heiraten wird, gestehen soll, am allerwenigsten, wenn sie ihn liebt. Wenn das Geständnis sie nicht ganz trennt, dann wird es immer zwischen ihnen sein. Man legt es ab in dem Bestreben, aufrichtig zu sein, aber es ist der schrecklichste Irrtum, den eine Frau begehen kann."

Ihr Bestreben, aufrichtig zu sein, hatte diese arme Frau nicht nur das Glück ihres ganzen Lebens und ihr Leben selbst gekostet, sondern auch das Glück des geliebten Mannes, in dessen Interesse sie das so schwere Geständnis gemacht hatte. „Wie teuer habe ich es bezahlt! Wie teuer habe ich es bezahlt!" pflegte sie immer und immer wieder während ihrer letzten Krankheit zu sagen.

Das ist eine völlig wahre Geschichte, und es scheint mir eine schreiende Ungerechtigkeit, daß eine Frau so bitter für das leiden muß, was bei einem Manne gar nicht beachtet würde. Ich bin sicher, daß es viele ähnliche Fälle gibt, und ich erkläre nachdrücklichst, daß solche Geständnisse schädlich sind. Der konventionell denkende, in solche Umstände versetzte Mann würde entweder eine Frau stehen lassen oder sie gegen seine Überzeugung heiraten. Das außergewöhnliche männliche Sittengesetz, das aus verschiedenen Gründen über mein weibliches Fassungsvermögen geht, erkennt nicht an, daß ein Mädchen, das einen Geliebten hatte, oder auch nur einen Fehltritt machte, geeignet ist, geheiratet zu werden, und trotzdem hätte kein Mann etwas dagegen, eine Witwe zu heiraten und sehr viele Männer heiraten auch geschiedene Frauen.

Selbst, wenn es sich um einen selten großmütigen, einsichtigen und verständigen Mann handelt, der das Vergehen richtig einschätzt, würde eine Kenntnis desselben nur störend wirken und eine Quelle von Unsicherheit für das eheliche Glück bilden. Mit einem Wort: das Geständnis kann von keinerlei Nutzen sein und die Erleichterung, welche es, gemäß dem Sprichwort, dem Sünder verschaffen soll, würde um einen sehr hohen Preis erkauft sein.

„Aber zwei ungerechte Handlungen können nicht eine gerechte hervorbringen, und es kann gewiß für eine Frau nicht das Rechte sein, den Mann über einen so ausschlaggebenden Punkt zu täuschen", wird der strenge Moralist ausrufen. Möglicherweise nicht, nach dem streng-idealistischen Standpunkt der Ethik; aber vom höheren Standpunkt des Lebens und des gesunden Menschenverstandes aus gesehen erscheint diese Täuschung nur ratsam. Und seien Sie sicher, mein verdrießlicher Moralist (denn ich bin sicher, daß Sie ein verdrießlicher Mensch sind), daß die Sünderin nicht so leichten Kaufes davon kommen wird, wie Sie es zu fürchten scheinen. So mancher Stich wird ihr zuteil werden, denn die Erinnerung ist ein starkes

Gift, und jeder Ausdruck der Liebe und des Vertrauens ihres Mannes wird für sie seinen eigenen Stachel haben, während die runden unschuldigen Augen der sie vergötternden kleinen Kinder, für die sie ein Wesen ist, das nie unrecht tun kann, die geeignete Strafe für ein noch weit größeres Vergehen sein würde. Der Mann dagegen wird aller Wahrscheinlichkeit nach durch das Schweigen der Frau nur gewinnen; denn er ist ihr gewiß doppelt teuer, eben weil der erste Mann sie schlecht behandelte, und sie wird vielleicht eine bessere Gattin, eine stärkere und sanftere Frau, eine tüchtigere Mutter sein, eben wegen der Leiden, die sie durchgemacht hat.

Hoffentlich werden wir nun übelwollende Dummköpfe nicht die verderbenbringende Lehre unterschieben, daß eine Frau mit einer Vergangenheit die beste Gattin sei. Ich bin nur der Ansicht, daß eine brave Frau, die sich einem stürmischen Liebhaber ergeben hat und nachher von ihm verlassen worden ist, notwendigerweise soviel durchgemacht hat, daß ihr Charakter dadurch vertieft und ihre Fähigkeit, treu zu lieben, gesteigert wurde. Und eine andere als wahr erkannte Tatsache ist es, daß es seelischer Leiden bedarf, um die besten Eigenschaften der Frauen zur Blüte zu bringen.

Auch die Männer sollten die Einzelheiten ihrer Periode des „Sichauslebens" streng für sich behalten. Im Eheleben muß es Geheimnisse geben, und die glücklichsten Paare sind jene, die sie zu hüten wissen. Ein sehr gutes Motto für junge Verlobte wäre das des Tom Broadbent in John Bulls „Die andere Insel": „Erzählen wir uns nichts; vollkommenes Vertrauen, aber keine

Erzählungen aus der Vergangenheit; so vermeidet man am besten Mißhelligkeiten!"

V. Einige Worte für eine vernünftigere Mädchenerziehung

Wenn die Mädchen in bezug auf geschlechtliche Dinge vernünftiger erzogen wären, würde es weit weniger unglückliche Frauen in der Welt geben, und weniger Männer würden dazu getrieben werden, ihr Glück außerhalb des Heims zu suchen. Wenn man den Mädchen, sobald sie in die geeigneten Jahre kommen, die elementarsten Umrisse der Lebensbedingungen beibringen würde, anstatt sie wie es jetzt geschieht, in der äußersten Unwissenheit zu lassen, dann würden die außerordentlich falschen Anschauungen über das Geschlecht, die sie jetzt überall auflesen, nicht mehr vorwalten, und viel Kummer könnte so vermieden werden. Jetzt wird den Mädchen s c h w e i g e n d zu verstehen gegeben, daß das Geschlechtsthema abstoßend ist und sich nicht eignet, von ihnen in Betracht gezogen zu werden, und daß die Geschlechtsfunktionen widerwärtig, obgleich notwendig sind. Ich schreibe absichtlich s c h w e i - g e n d , denn den meisten Mädchen wird nicht das Geringste über diesen Gegenstand gesagt. Es ist wirklich merkwürdig, wie die Vorstellungen ihnen ohne Worte beigebracht, aber dennoch auf irgendeine Weise eingeimpft werden, und es ist schwer zu verstehen, wie die Mütter diese Unterweisungen mit ihrem offenkundigen Wunsch vereinigen, ihre Mädchen zu verheiraten. Das heutzutage den Mädchen gegenüber aufrecht erhaltene Ideal ist offenbar das geschlechtslose Schicksal der Diana — nicht bloß Keuschheit, sondern Unfruchtbarkeit.

Die meisten jungen Mädchen kennen von früher Jugend auf die gesellschaftlichen Vorteile und die gesellschaftliche Bedeutung der Ehe und wachsen mit dem lebhaften Wunsch heran, sie in angemessener Weise zu erreichen, obgleich sie sich insgeheim wegen ihrer absurden verkehrten Begriffe von der physischen Seite der Ehe vor ihr fürchten. Warum kann man die Mädchen — und auch die Knaben natürlich — nicht die volle Wahrheit in angemessener Sprache lehren, daß das Geschlecht der Angelpunkt ist, um den sich die Welt dreht, daß die Geschlechtstriebe und -empfindungen der ganzen Welt gemeinsam sind, an sich nicht erniedrigend oder herabwürdigend und daß es auch keine Schande ist, sie zu besitzen, obgleich es notwendig ist, daß man sie tapfer überwacht! Warum kann man die Mädchen nicht lehren, daß alle Liebe, selbst die romantische, die einen so breiten Raum in ihren Träumen einnimmt, aus dem G e s c h l e c h t s t r i e b entspringt? (Schopenhauer, Metaphysik der Liebe.) Das kann für eine gefährliche Lehre gehalten werden; aber die gegenwärtige Politik des Stillschweigens über diesen Gegenstand ist noch gefährlicher, da sie das Bestreben hervorbringt, über dem verbotenen Thema zu brüten.

Ich erinnere mich, wie mir eine ungefähr fünfzehnjährige Schulkameradin, als ich etwas über zehn Jahre alt war, anvertraute, daß ein Mann — er war ein harmloser Junge von ungefähr zwanzig Jahren — ihr die Hand geküßt hatte, als er ihr das Tennisrakett reichte. Sie zog entrüstet ihre Hand zurück und sagte: „Wie können Sie es wagen, mir diese Schmach anzutun?" Dann verließ sie den Tennisplatz und wollte nicht mehr spielen. Ich glaube nicht, daß viele Mädchen so albern sind wie diese, aber der Zwischenfall illustriert

den in jener Schule allgemein herrschenden, uns eingeimpften Ton. Und er zeigt, wie emphatisch dem
Gemüt des Mädchens alle geschlechtlichen Angelegenheiten dargestellt worden sein müssen, damit sie
in einem ganz unschuldigen und galanten Zeichen
der Huldigung eine Schmach erblickte. Was für eine
trostlose Vorbereitung für die Ehe muß solch eine
Unterweisung sein! Aus dieser Art von Unterweisung
entstehen jene unglücklichen Flitterwochen, von denen man gelegentlich im geheimen hört, und die unglücklichen Frauen, deren verächtliche Kälte den Gatten zur Verzweiflung bringt. Dieser Mangel an Gefühl
und Mangel an Verständnis für die Bedürfnisse stär-
kerer und wärmerer Naturen ist eine der tiefsten und
unheilbarsten Ursachen des Unglücks im Eheleben.

Wenn unsere Mädchen belehrt würden, das Geschlecht sei ein etwas ganz Natürliches, dann würde
das unendliche, aus der Auffassung, es sei etwas Außergewöhnliches und Widerwärtiges, entspringende
Übel vermieden werden. Erziehen wir sie dazu, den
liebenden Ehestand, die leidenschaftliche Mutterschaft als den geeignetsten Ausdruck der Frauennatur
und die für sie erstrebenswerteste Lebensform zu
betrachten.

In einem sehr interessanten, jüngst veröffentlichten
Buch: „Die Frau im Übergangsstadium" wird diese
Ansicht von der Bestimmung der Frau zu wiederhol-
ten Malen verhöhnt. Die Verfasserin, Annette B. Mea-
kin, ist eine Assistentin am Anthropologischen Insti-
tut und offenbar eine sehr belesene und vielgereiste
Dame. Ich will einiges zitieren: „In der glücklichen
Zukunft, wenn die höheren Frauenideale in unserer
Umgebung festen Fuß gefaßt haben werden, werden

alle erkennen, gleichviel welchem Geschlecht sie angehören, daß wir die Verräter an unserer eigenen Rasse und an der Menschheit sind, wenn wir unqualifizierte Mutterschaft jedem Mädchen als ihr höchstes Ideal vor Augen halten." ... „Die englischen Schulvorsteherinnen betrachten es, obgleich sie oft selbst unverheiratet sind, als ihre heiligste Pflicht, den Schülerinnen einzuimpfen, daß die Mutterschaft ihre höchste Bestimmung sei, und die Schülerinnen machen die Ehe zu ihrem höchsten Ziel, und jeder andere Erfolg im Leben muß an zweiter Stelle stehen." „Einige sehr brave Frauen in England sagen unseren jungen Mädchen noch immer, daß die Mutterschaft für jede Frau das höchste Ziel ist, ohne zu ahnen, daß die von ihnen gepredigte Lehre in gefährlicher Weise zu jener gesetzlichen Prostitution führt, die euphemistisch als lieblose Ehe bekannt ist, oder zu noch größeren Übeln." „Wie kann dem Mädchen, dem man gelehrt hat, daß die Mutterschaft die einzige Bestimmung des Weibes ist, das Risiko wagen, sie zu verpassen?"

Ich antworte auf diese Einwände: Natürlich wird kein vernünftiger Mensch die unqualifizierte Mutterschaft den Mädchen als ihr höchstes Ideal darstellen, und auch kein denkender Mensch wird glauben, daß die Mutterschaft die einzige Bestimmung des Weibes ist. Aber was die höchste Bestimmung, das heißt die edelste, anbetrifft, so muß ich schon sagen, daß wenn gute Mutterschaft (und in dem Wort gut möchte ich die besten körperlichen und geistigen Eigenschaften inbegriffen sehen, durch die gesunde, intelligente und wohlerzogene Kinder hervorgebracht werden), nicht das Ideal erfüllt, ich wohl wissen möchte, wodurch es erfüllt werden kann! Als Antwort auf diese Frage, die natürlich jeder Leser stellen muß, gibt sich Miß Meakin mit der Konstatierung zufrieden, in Finnland und Australien, sowie in Amerika und Norwegen lehre man den Mädchen, daß die höchste Bestimmung des Weibes von jeder Frau erreichbar sei; daß ihre höchste Bestimmung und ihr höchstes Ideal nicht von einem Manne abhängen solle, der daher kommen mag oder nicht, und daß es das höchste Ideal des Weibes sei, eine echte Frau zu werden. Das ist ganz schön, aber es ist viel zu vage, um als allgemeines Ideal der Frauen hochgehalten zu werden. Das Ideal, das wir als erstrebenswert hinstellen, muß enger umgrenzt sein. Was ist zum Beispiel im besonderen eine e c h t e F r a u ? Ich dächte, die Hauptbestandteile des Rüstzeuges einer echten Frau wären ihre Fähigkeiten für Ehestand und Mutterschaft.

Miß Meakin tadelt die Lehrerinnen, weil sie ihren Schülerinnen die Bedeutung der Mutterschaft mit dem Zusatz einprägen, „jeder andere Erfolg im Leben habe an zweiter Stelle zu stehen." „Was sollte denn nach Ansicht der Verfasserin die erste Stelle einnehmen? Glaubt sie ernstlich, daß der Erfolg der Frauen in Geschäften oder in der Politik, als Gemeinderätinnen, Schriftstellerinnen, Künstlerinnen, Denkerinnen von größerer Bedeutung ist als der Erfolg der Frauen als Mütter? I s t d a s m ö g l i c h ? " Ich erinnere mich, daß in einem Gedicht von W. E. Henley über die Frauenfrage eine Zeile lautet: „Und Gott im Paradiesesgarten lachte aus vollem Halse". Es muß heutzutage im Himmel oft schallendes Gelächter geben, wenn die Frauenfrage auf der Erde diskutiert wird.

Dies gilt für die Ideale in abstractum, aber wenn wir zu den Tatsachen kommen, muß man zugeben, daß die Folgerungen der Dame vernünftig sind. „In einem Lande, wo es um anderthalb Millionen mehr Frauen als Männer gibt," konstatiert sie treffend, „ist es mehr als verrückt, jungen Mädchen zu lehren, daß die Mutterschaft ihre höchste Bestimmung sei. Wenn eine solche Unterweisung hartnäckig fortgesetzt wird, so wird sie zu größeren Übeln führen, als wir aus der Entfernung beurteilen können". Aber was für ein größeres Übel kann es denn geben, als die Existenz von 30000 Prostituierten in London allein, wie es heutzutage der Fall ist. Wenn man jeder dieser unglücklichen Frauen beigebracht hätte, fest wie an einen Glaubensartikel daran zu glauben, daß die Mutterschaft ihre höchste Bestimmung sei, dann wären weit weniger Nullen an dieser Zahl.

Miß Meakin fährt fort: „Neben den heiligen Pflichten der Mutterschaft gibt es auch die nicht minder heiligen Pflichten der Vaterschaft; und doch läßt der Mann diese letzteren nicht in seinen geistigen Entwicklungsgang eingreifen." Es ist auch gar nicht nötig, daß die Frauen dies tun. Von der Anschauung, daß die Frau, um eine gute Gattin und Mutter zu sein, ihre geistige Entwicklung verkümmern lassen und auf jede Kultur verzichten müsse, ist man schon längst abgekommen.

Meiner Meinung nach entsteht das ganze Übel daraus, daß man die Mädchen e i n e Reihe von Schlagwörtern lehrt und die Knaben eine a n d e r e , wie Stevenson sagt. Da die Frauen nicht durch sich allein Mütter werden können, ist es nutzlos, die Mädchen zu lehren, daß die Mutterschaft ihre höchste Bestimmung sei, wenn wir nicht auch die Knaben lehren, daß die Vaterschaft ihre höchste Bestimmung ist, sondern ganz im Gegenteil ihnen zu verstehen geben, daß die Ehe etwas ist, das sie vermeiden sollen, wenigstens im Jünglingsalter.

Wenn wir alle jungen Leute b e i d e r l e i Geschlechts lehren würden, daß eine würdige Ehe und Elternschaft die höchste Bestimmung für den Durchschnitt der Sterblichen bedeutet, und sie nach dieser Vorschrift handelten, dann würden viele Zeitprobleme gelöst, die Anzahl überflüssiger Frauen sehr vermindert, das soziale Übel merklich in Abnahme, die körperliche Beschaffenheit der Rasse besser sein, und die Geburtsziffer würde rasch steigen. Mit einem Wort, es gäbe weniger ironisches Lachen im Himmel und viel mehr eheliches Glück und Gesundheit auf Erden. Über die Elternschaft als ein Ideal werde ich noch mehr im vierten Teile zu sagen haben.

VI. „Und wahre ihr die eheliche Treue" —
der wunde Punkt in der Ehe

„Wir vergöttern die Männer und sie verlassen uns; andere behandeln sie wie die Hunde und sie kriechen ihnen nach und sind treu."

Oscar Wilde.

„Und wahre ihr die eheliche Treue, so lange ihr lebet." Wie viele Männer haben dieses vielversprechende Gelübde mit dem ernsten Vorsatz abgelegt, es zu halten? Zur Beantwortung dieser Frage stehen mir keine Daten zur Verfügung, aber mein Glaube an die Vorherrschaft des Guten in der menschlichen Natur ist groß genug, um anzunehmen daß die meisten Leute mit dem Vorsatz, treu zu bleiben, die Ehe beginnen. Dieser Glaube wurde nicht einmal durch den Schrecken erschüttert, den mir die Bemerkung einer sehr modernen Braut verursachte: „Max sagt, er kann mir's nicht versprechen, treu zu bleiben, aber er wird sein möglichstes tun." Diese erstaunliche Genügsamkeit war wohl geeignet, wenn nicht Bewunderung, so doch Verwunderung zu erregen.

Schopenhauer behauptet, daß „die eheliche Treue bei Männern künstlich, bei Frauen natürlich" ist. Den Berichten der Ehegerichtshöfe nach zu urteilen, scheint sich dieser natürliche weibliche Zug einigermaßen abgeschwächt zu haben, da diese Ansicht vor mehr als 60 Jahren geäußert wurde. Dem Gesellschafts-chroniqueur aus eigenen Gnaden zufolge gibt es „im Westend in London haufenweise gebrochene Gelübde".

Es ist gefährlich, bei so einem Gegenstand zu verallgemeinern, aber da die Leute der Versuchung weit seltener widerstehen, als die Ethiker es annehmen, kann man wohl sicher behaupten, daß, wenn die Männer treu sind, sie es hauptsächlich aus Mangel an Gelegenheit, anders zu sein, sind, oder weil sie keine Anlage dazu haben. Dies mag jene meiner Leserinnen verstimmen, die nicht mit Prof. Lester W a r d anerkennen wollen, „daß der Mann ein a u s s c h l i e ß - l i c h   p o l y g a m e r   Z w e i f ü ß l e r   i s t"; aber die in den traurigen Dingen des Lebens Erfahreneren werden die Wahrheit dieser Behauptung zugeben. Es geschieht andererseits, wenn eine Frau die eheliche Treue bricht, selten bloß aus leichtfertigen oder gewinnsüchtigen Ursachen, sondern fast immer, weil sie in dem Bann eines anderen Mannes steht oder äußerst unglücklich in der Ehe ist und in der Betäubung durch irgendeine Liebelei Vergessen und Gleichgültigkeit sucht. Vielleicht wird der höchste Richter, der gnadenreicher ist als die Menschen, diese beiden Ursachen als Entschuldigung gelten lassen und den Sünderinnen verzeihen, die viel geliebt und viel gelitten haben.

Ein Doktor, der sich für das Studium der sozialen Fragen sehr interessierte, zeigte mir eine interessante Statistik über diesen Gegenstand. Von 76 aufs Geratewohl aus der Liste seiner Bekannten herausgegriffenen Männern waren 14 kinderlos und mit Ausnahme von zweien waren alle viel glücklicher als die meisten Männer und gaben ihren Frauen keine Ursache zur Eifersucht. Dieser hohe Prozentsatz von glücklichen, wenn auch kinderlosen Ehen ist seltsam, und ich kann ihn mir nicht erklären. Die übrigen 62 hatten alle Familie. Fünf liebten ihre Frauen sehr, jedoch nicht treu, zwei lebten nebenbei mit anderen Frauen, drei andere waren unglücklich verheiratet und stritten fortwährend und erbittert, über zwei weitere war mein Freund im Zweifel, ein anderer mochte seine Frau nicht, war jedoch zu beschäftigt, um sich nach anderen Frauen umzusehen, die übrigen 49 waren verhältnismäßig glücklich und treu: „die meisten von ihnen entgehen irgendeiner stärkeren Versuchung durch ein arbeitsreiches und regelmäßiges Leben", fügte der Doktor hinzu, „und jene, die besonders empfänglich für das schönere Geschlecht und seine Reize sind, haben schon genug Liebeleien hinter sich, um noch welche außerhalb des Heims zu verlangen." Ich vermute, daß diese letztere Ursache bei einer großen Anzahl sogenannter „Mustergatten" zutrifft.

Diese Liste kann jedoch kaum als erschöpfend betrachtet werden, da sie nur zwei Schauspieler, drei Soldaten, einen Seemann und keinen Börsenmenschen enthielt, vier Klassen, in denen die unbeständigen Ehegatten besonders zahlreich sind. Die Lebensbedingungen eines Schauspielers veranlassen ihn offenkundig zur Untreue; die ungesunde Erregung und die abwechselnde Niedergeschlagenheit im Leben eines Börsenmenschen dürften dieselbe Wirkung haben; Angehörige des Militärs werden im allgemeinen für weniger treu gehalten als andere Ehemänner, aber wenn die Geschäfts- und Gewerbsleute dieselbe leichte Gelegenheit und Versuchung hätten und einem ähnlichen Ausmaß von Muße und Perioden langer Trennung von ihren Frauen ausgesetzt wären, dann würden sie sich als ebenso untreu erweisen, wie man es von den Vaterlandsverteidigern annimmt. Die Liste meines Freundes enthält auch kein Mitglied „der Lebewelt", einer Klasse, in der man tatsächlich, den Worten des Pater Vaughan zufolge, keine treuen Ehemänner findet.

Wenn es die kleinen Dinge sind, die das eheliche Glück zerstören, so sind es die großen, die Mann und Frau trennen, und von diesen ist die Untreue die häufigste Ursache. Man kann sie geradezu „d e n w u n d e n P u n k t d e r E h e" nennen. Nach meinem persönlichen Dafürhalten gibt es nur drei Fehler, um derentwillen eine Frau ihren Mann verlassen sollte: gewalttätige Trunksucht, zeitweiser oder ständiger Verkehr mit Angehörigen des Haushaltes, und die Einführung einer Geliebten unter das Dach der Frau. Wo Kinder sind, sind sogar diese Gründe nicht genügend, wenn die Frau die Kinder nicht mitnehmen kann. Für das letztgenannte Vergehen allein konnte die Frau nach Justinianischem Gesetz die Scheidung erlangen.

Kleine Übertretungen der ehelichen Treue von seiten eines Gatten sollte man am besten, wie alle anderen Trübungen, philosophisch aufnehmen. Das ist freilich leicht gesagt — man hört oft, daß die geschlechtliche Eifersucht die ärgste der seelischen Qualen ist. Die Männer werden stärker von ihr befallen als die Frauen, und der Mann, dessen Frau untreu ist, scheint ärger zu leiden, selbst wenn er sie nicht gern hat, als die Frau im umgekehrten Fall. Der Mann wird einem sagen, daß das daher kommt, weil seine Leidenschaften stärker sind, oder weil er die Mutter seiner Kinder als ein Wesen betrachtet, das über der Sünde des Fleisches steht. Wahrscheinlich ist die wirkliche Ursache die, daß der Mann seit der „Ehe" im Garten Eden seine eigenen Wege gegangen ist, und es übel aufnimmt, wenn er in seinen Gewohnheiten verkürzt wird. Die Frauen können jedoch diesen Verlust leichter ertragen, da sie ja daran gewöhnt sind, ihren Herrn mit anderen zu teilen, seit ihr Geschlecht im Gegensatz zu dem seinen so zugenommen hat. Oder haben die Frauen keinen angeborenen Widerstand gegen die Polygamie?

Die Welt hat sich schon an die polygamischen Triebe des Mannes gewöhnt und sogar ihre Gesetze sind danach abgefaßt. In den Romanen verursacht die Entdeckung der Untreue eines Ehegatten immer einen vollständigen Umsturz. Dem Leser werden seitenlang wahnsinnige Szenen aufgetischt; die Frau verliert beinahe den Verstand; ihre Freunde und Verwandten sitzen in düsterem Familienrat beisammen und besprechen, „was zu geschehen hat"; die Neuigkeit wird in die Welt hinausposaunt, und niemand würdigt den abgetanen Ehemann auch nur eines Blickes.

Aber in Wirklichkeit behalten die Frauen diese Tragödien schön für sich und ertragen sie mit merkwürdiger Ruhe und Gelassenheit. Glücklicherweise hat selten ein Mann so wenig Weltklugheit, um zu erlauben, daß seine Frau seine Untreue bekannt macht, und in der Regel würde eine Frau lieber sterben, als der Welt eine solche Wunde zu zeigen. Die Last von der Untreue eines Ehegatten wird oft jahrelang schweigend mit lächelnder Miene und erhobenen Hauptes von so mancher Frau getragen, die zu stolz ist, um sich einzugestehen, daß sie ihren Mann nicht zu fesseln vermag. Erst wenn die Jahre sie an die Demütigung gewöhnt und ihrem Kummer den Stachel genommen haben, gönnt sie sich die Erleichterung des Sichanvertrauens.

Wenige Frauen können verstehen, warum ein Gatte, obgleich er seine Frau gern hat und ihr treu bleibt, doch irgendwo anders das sucht, was sie ihm in seinen Augen nicht mehr bieten kann. Aber diejenige, die das Leben gut genug kennt, um das zu verstehen, weiß auch, daß ihr Teil das bessere ist, daß sie im Leben ihres Mannes der Kern und die Triebfeder ist, die noch lange bestehen bleiben, wenn seine zeitweiligen verliebten Tollheiten längst zu Asche gebrannt sind.

Nichtsdestoweniger ist vielleicht nach dem Worte „allein" das Wort „u n t r e u" das traurigste und schrecklichste der menschlichen Sprache. Man kann es sich in flammenden Lettern über den Toren der

Hölle unzählige Male geschrieben denken . . . „Untreu, Untreu . . .!"

*Für mich ist das einzige Heilmittel gegen die tödliche Un-
gerechtigkeit, das endlose Elend, die oft unheilbaren Leidenschaften, welche die Verbindung der Geschlechter stören,
die Freiheit, die Ehefesseln zu sprengen und neue zu
schmieden.*

George Sand.

*Solange das Eheband nicht geschmeidiger geworden ist,
wird die Ehe immer ein Risiko sein, auf welches besonders
die Männer nur mit Besorgnis eingehen werden.*

H. B. Marriott-Watson.

I. Die Probeehe à la Meredith

*„Nach zwanzig Jahren Liebesaffären sieht eine Frau wie ein
Wrack aus, nach zwanzig Jahren Ehe wie ein öffentliches
Gebäude.“*

Oscar Wilde.

Die Probeehe war einer der Gebräuche der frührömi-
schen Gesellschaft. Heutzutage hat sie einen revolutionären Beigeschmack und ist so offenkundig unan-
wendbar, daß es kaum nötig wäre, sie hier weiter zu
berühren, wenn ihr jüngster und vornehmster Anwalt
in der Moderne nicht George Meredith wäre. Jeder
von dieser Seite kommende Vorschlag muß sorgfältig
beachtet werden. Auch ist diese Form der Ehe von
dem großen Philosophen Locke und von Milton in

Betracht gezogen worden. — Vor kaum drei Jahren warf unser großer Romancier diese Bombe in eine entzückte, obgleich keinen Beifall zollende Presse, aber da das Gedächtnis heutzutage sehr kurz ist, dürfte eine kurze Rekapitulation der näheren Umstände am Platze sein.

Der Anfang der Geschichte war ein Brief an die „Times" von Cloudesly Brereton, in welchem über die wachsenden Hemmungen der Ehe geklagt und der Gepflogenheit gemäß die Frau als deren Urheberin angegriffen wurde. Der Verfasser konstatierte, daß in dem Mittelstand „die Anforderungen der modernen Frauen die Anziehungskraft der Ehe stetig untergraben. Mit ihren stets wachsenden Ansprüchen an die Zeit, die Energie und die Geldmittel ihrer Gatten bilden die modernen Ehefrauen einen sehr ernstlichen Hemmschuh, und in den unteren Gesellschaftsklassen erschwert die Ehe direkt die Chancen des Mannes, Arbeit zu finden." Wie man die Frauen für diese letztere Ungerechtigkeit verantwortlich machen kann, war klugerweise nicht gesagt. Es wäre, glaube ich, schwer, die Anklage zu erhärten.

Das Interessanteste an diesem Dokument war die darauffolgende Diskussion in „The Daily Mail" und die gelungene Tatsache, daß der Verfasser sich wenige Wochen nach Erscheinen der Zuschrift verheiratete! Die übliche Schmähung der Ehe im allgemeinen und der Frauen im besonderen folgte, bis die verstorbene Mrs. Craigie sich der Diskussion anschloß und jene besonderen Eigenschaften zarten Verständnisses und wunderbarer Einsicht in die Frauenseele zur Anwendung brachte, die zu den hervorragendsten Merkmalen ihres glänzenden Werkes gehören. Es wäre schade, aus einem solchen Brief bloß zu zitieren, und so gebe ich ihn denn ganz wieder:

„Die Frauen sind da, wo es sich um Gefühle handelt, nicht eigennützig genug. Sie schlagen sich nicht zu hoch, sondern zu niedrig an. Die gegen ihre eigene Existenz gerichtete Selbstlosigkeit der modernen Frau ermöglicht den Eigennutz des modernen Junggesellen. Die Junggesellen sind nicht alle Weiberfeinde, und die Tatsache, daß ein Mann ledig bleibt, ist kein Beweis dafür, daß er für die Reize der weiblichen Gesellschaft unempfänglich ist, oder daß er diese Gesellschaft nicht in unverbindlichen Beziehungen in ganz gehörigem Maße genießt. Warum soll der junge Mann des Durchschnitts, der durch Anlagen oder Erziehung egoistisch ist, schwer arbeiten oder Opfer bringen um einer besonderen Frau willen, wenn so viele geneigt sind, sein Leben zu teilen, ohne daß er sich bindet, und noch so viele andere eifrig hinter ihm her sind, um jede Ritterlichkeit oder Zärtlichkeit, die ihm angeboren sein mag, zu zerstören? Die modernen Frauen geben den Junggesellen keine Gelegenheit, sie zu vermissen, und keinen Anlaß, ihrer zu bedürfen. Ihre Hingebung entbehrt der Selbstzucht, und sie wird eher ein Fluch als ein Segen für ihren Gegenstand. Warum? Weil die Frauen diese seltsame Macht der Konzentration und Selbstverleugnung in ihrer Liebe haben. Sie können sich nicht genug tun, um ihre Liebenswürdigkeit zu beweisen. Und wenn sie alles getan und sich nicht die Mühe genommen haben, ihre eigene Lage zu sichern, dann erkennen sie, daß sie durch ein Übermaß an Edelmut und den Wunsch angenehm zu sein, gefehlt haben. Das ist die den Junggesellen bezeigte Selbstlosigkeit."

In einer Antwort auf diesen Brief forderte eine andere Romanschriftstellerin, Florence Warden, von Mrs. Craigie Auskunft über die Existenz solcher Frauen, aber sie erzielte keine weitere Erwiderung. „The Daily Mail" erläuterte dies folgendermaßen: „Hunderttausende unserer Leser können aus eigener Erfahrung eine Antwort auf diese bemerkenswerte Behauptung geben, und wir sind nicht im Zweifel über den Inhalt ihrer Antwort." Man kann sich vorstellen, daß das mit Hinsicht auf die Leser an den Frühstückstischen der Villenkolonien geschrieben wurde; aber die Männer und Frauen, die im Leben stehen, deren Erfahrung nicht auf die Villenkolonien beschränkt ist, werden die unzweifelhafte Wahrheit der Behauptungen von Mrs. Craigie anerkennen. Wenn ich auch zugebe, daß der von ihr beschriebene Stand der Dinge zwischen den Geschlechtern richtig ist, wage ich ergebenst über die Ursachen dieses „Übermaßes an Edelmut" anderer Meinung zu sein. Bei den Frauen ist riesig viel Selbstlosigkeit angesammelt, aber sie wird meiner Meinung nach nicht in dieser Richtung verausgabt. Das Motiv ist vielmehr der leidenschaftliche Wunsch nach eigener Freude, Befriedigung ihrer eigenen Eitelkeit durch den Beifall seitens des männlichen Geschlechts, die oft auf Kosten ihrer Selbstachtung geht. H. B. Marriott-Watson nimmt denselben Standpunkt in einem späteren Brief ein: „Die Selbstlosigkeit erstreckt sich nicht auf die Liebessphäre. Geschlechtsanziehung ist praktisch unvereinbar mit Altruismus, und der Grad des Verzichts ist dem Grad der Neigung gerade entgegengesetzt. Diese Ordnung der Dinge hat die Natur so eingerichtet, und es nützt nichts, sie bannen zu wollen. Eine Frau mag ihr Leben für den Mann, den sie liebt, dahin geben, aber sie wird ihn nicht einer Rivalin ausliefern."

Ein anderer interessanter Brief kam von Helen Ma-
thers, die konstatierte, daß „alle Frauen heiraten sollten, aber kein Mann" — da die Vorteile des Ehestandes ihrer Meinung nach einzig und allein auf seiten
der Frauen seien.

In diesem Augenblick erschien der Beitrag von
George Meredith zur Diskussion in der weniger auto-
ritativen Form eines Interviews, nicht als Brief oder
Artikel, wie nach diesem Zeitabschnitt sehr viele Leute zu glauben scheinen. Als ich dieses Interview neulich wieder durchlas, war ich von den besonders altmodischen Vorstellungen George Merediths über die
Frauen betroffen. Wo es sich um die Frauenfrage handelt, da scheint er um mehrere Jahrzehnte im Rück-
stand zu sein.

„Das große Übel der Sache", behauptet er, „ist, daß
die Frauen so unerzogen, so unfertig sind. Die Männer brauchen zu oft eine Sklavin und denken häufig,
daß sie eine bekommen haben; nicht, weil die Frau
nicht oft gescheiter ist als ihr Mann, aber weil sie so
unausgesprochen und nicht genug dazu erzogen ist,
ihren wirklichen Gedanken und Gefühlen Ausdruck
zu verleihen."

So war es, b e v o r die Suffragettes aufkamen; aber es
ist eine genügend überraschende Behauptung für das
Jahr 1904. Er fährt fort: „Ich frage mich, ob ein junges,
des Lebens äußerst unkundiges Mädchen, das, sagen
wir, mit achtzehn Jahren heiratet, wenig von dem
Mann, den sie heiratet, und noch weniger von irgend
einem Mann auf der Welt versteht, dazu verurteilt
werden soll, mit ihm den Rest ihrer Tage zu verbringen. Bald sympathisiert sie nicht mehr mit ihm, ja, sie

hat keine Neigungen gemeinschaftlich mit ihm, keine wirkliche Gemeinschaft außer einer physischen. Das Leben ist ihr fast unerträglich, und doch führen es viele Frauen weiter, aus Gewohnheit oder weil die Anschauungen der Welt sie terrorisieren."

Das ist allerdings wahr. Aber Meredith spricht, als wenn es wie zu unserer Großmütter Zeiten noch die Regel wäre, daß Mädchen unter zwanzig Jahren heiraten, während es doch jetzt geradezu die Ausnahme ist. Mit jedem Jahr scheint das Heiratsalter hinauf zu gehen, und errötende Bräute im Myrtenkranz werden in einem Alter zum Altar geführt, in dem sie vor fünfzig Jahren alte Jungfern mit Haube und Pulswärmern gewesen wären. Wenn ein Mädchen verrückt genug ist, gleich nach Verlassen der Schulstube zu heiraten, dann muß sie auf das enorme Risiko gefaßt sein, das die Wahl eines Gatten in so unreifen Jahren mit sich bringt.

An anderer Stelle sagt Meredith: „Die Ehe ist so schwer, ihre modernen Bedingungen so erschwerend, daß man zwei gebildeten Leuten, die sie eingehen wollen, nichts in den Weg legen sollte ... Gewiß werden eines Tages die gegenwärtigen Bedingungen der Ehe geändert werden, sie wird auf einen bestimmten Termin, sagen wir zehn Jahre — oder ich brauche keinen b e s t i m m t e n Termin zu nennen — gestattet sein. Der Staat wird darauf sehen, daß genügend Geld weggelegt wird, um für die Kinder zu sorgen und sie zu erziehen; vielleicht wird der Staat dieses Kapital selbst verwalten. Es wird einen höllischen Aufruhr geben, bevor eine solche Änderung durchgeführt wird; es wird eine große Erschütterung sein, aber blickt nur zurück und seht, was für Erschütterungen es schon gegeben hat, und welche Veränderungen dennoch in Ehesachen in der Vergangenheit Platz gegriffen haben."

„Die Schwierigkeit liegt darin, das Publikum daran zu gewöhnen, einem solchen Problem in die Augen zu sehen. Die Engländer brauchen es mehr denn irgendeine Nation in der Welt, in Disziplin zu leben. Sie wollen nicht vorwärts schauen, besonders nicht die Regierenden. Und es gehört Philosophie dazu; und das englische Volk dazu zu kriegen, daß es das bloße Wort Philosophie in seinen Diskussionen über so ein Thema zuläßt, ist mehr, als man erhoffen kann. Immer wieder, besonders in der Kritik Amerika gegenüber, sieht man, wie die Engländer hartnäckig alle neuen Bestrebungen als Zeichen von Krankhaftigkeit betrachten, und doch sind sie ein Zeichen von Gesundheit."

Man sieht, daß Meredith den Termin von zehn Jahren als einen Vorschlag behandelt. In einem Essay von Stevenson wird einer Dame gesagt: „Nach zehn Jahren ist einem der Gatte wenigstens ein alter Freund", und ihre Antwort war: „Ja, und man möchte, daß er einem nur das und nichts anderes wäre." Der Abschnitt von zehn Jahren hat eine besondere Bedeutung in der Ehe. Nachdem das erste kritische Jahr vorüber ist, richten sich's die meisten Paare ziemlich behaglich ein, — bis zum zehnten Jahre. Der Präsident des Ehegerichtshofes hat dieses Jahr den gefährlichen Wendepunkt im Eheleben genannt. Ein späterer Brief in der „Daily Mail", welcher dem von George Meredith zustimmte und die gegenwärtige Form der Ehe „eine Verurteilung auf Lebensdauer" nannte, schlägt einen noch kürzeren Zeitabschnitt vor, z.B. fünf Jahre, da während dieser Zeit ein Ehepaar Glück oder das Gegenteil gefunden haben kann, und in letzterem Falle müßte man zu lange auf die Freiheit warten.

Ein Mitarbeiter eines anderen Blattes erwähnte Amerika als ein Beispiel der in volle Kraft getretenen Zeitehe. „Es erhellt aus der Statistik eines amerikanischen Bischofs, daß die Bevölkerung der Vereinigten Staaten schon jetzt unter den von Meredith vorgeschlagenen Bedingungen lebt. Im Jahre 1903 wurden nicht weniger als 600 000 amerikanische Ehen geschieden. Das bedeutet eine Scheidung auf je vier Ehen. In manchen Gegenden war das Verhältnis fast eins zu zwei, und die häufigste Ursache der Scheidung war das Bedürfnis nach Abwechslung."

Es scheint mir, daß die Einführung der Probeehe nur allgemeines Elend und Verwirrung zur Folge haben würde, dem gegenüber die gegenwärtige Summe ehelichen Unglücks nur ein Tropfen im Meere wäre. Wenn unsere Ehegesetze abgeändert werden müssen, dann wollen wir hoffen, daß es nicht in dieser Richtung geschieht, ob zwar es ganz klar ist, daß eine solche Änderung Tausenden von Männern und Frauen, die aus irgendeinem Grunde dazu gelangten, ihre Fesseln zu verabscheuen, eine Wohltat wäre. Ob sie nicht auch die prosaische Zufriedenheit, die unter einigen Millionen Menschen als Glück gilt, zerstören würde, ist eine zu weit greifende Frage, um hier mehr als gestreift zu werden.

Das Schicksal jener, die auf Lebensdauer an Mondsüchtige, Verbrecherische und Trunksüchtige gebunden sind, ist gewiß erbarmungswürdig; aber eine Erweiterung der Scheidungsgesetze würde nur die Ausnahmsfälle treffen, ohne das Eheband der Normalen zu beeinträchtigen. Ich habe getrachtet, im folgenden Kapitel auf einige der vielen Schwierigkeiten der Probeehe hinzuweisen.

II.   Die Ehe auf Probe in der Praxis

Ein Dialog im Jahre 1999

> *„Eines fürchten die Frauen mehr als das Zölibat — näm-*
> *lich, daß man sie verschmäht.“*

Marcel Prévost.

(Katharine und Margarete, zwei reizende Frauen im kritischen Alter der Vierziger, nehmen zusammen ihr Frühstück ein. Sie sind alte Freundinnen und haben einander jahrelang nicht gesehen.)

Margarete: Wie hübsch ist es, wieder beisammen zu sein. Aber es tut mir leid, daß du so verändert bist. Du siehst nicht glücklich aus. Was ist dir?

Katharine: Ich sollte glücklich aussehen. Ich habe wirklich Glück gehabt, aber ich bin, aufrichtig gestanden, schrecklich müde. Die Eheverhältnisse sind heutzutage entsetzlich ermüdend, findest du nicht?

M.: Ja, wir entbehren freilich jenes Gefühl des Friedens und der Sicherheit, von dem unsere Mütter sprachen, aber wir haben auch nicht jene entsetzliche Eintönigkeit. Denke dir nur, Jahr um Jahr, dreißig, vierzig, fünfzig Jahre mit demselben Mann zu leben! Wie würde man seiner Launen überdrüssig werden!

K.: Das weiß ich gerade nicht. Die Gleichförmigkeit der Stimmungen ist noch immer besser als die Abwechslung. Alle Leute haben Stimmungen. Und dann kommt es mir vor, daß mit unseren Vätern durchaus nicht so schwer auszukommen war wie mit unseren Gatten. Sieh, in früheren Zeiten wußten sie, daß sie fürs Leben gebunden waren, und das gebot ihnen Einhalt. Das scheint ihnen heutzutage zu fehlen.

M.: Ja, ja, es ist etwas daran. Ich erinnere mich, daß meine Großmutter, die am Ende des vorigen Jahrhunderts verheiratet war, zu sagen pflegte, ihr Mann sei ihr R e t t u n g s a n k e r , und er nannte sie seinen H a f e n d e s F r i e d e n s .

K.: Oh, wie beneide ich sie. Das brauche ich eben so sehr: einen Anker, einen Hafen. Wie friedlich müssen sie gelebt haben, bevor dieses schreckliche neue Ehesystem aufkam.

M.: Die Leute fanden das offenbar nicht; denn wozu sollten sie dann Abänderungen getroffen haben? Aber was hast du gegen das System? Du hast vier Männer gehabt und bist von den beiden ersten fast so rasch fort als das Gesetz es erlaubt.

K.: Ja, und ich bin erst einundvierzig Jahre alt. Ich habe zu früh angefangen: mit achtzehn; und man nimmt die Ehe unwillkürlich leicht, wenn man weiß, daß sie nur fünf Jahre zu dauern braucht. Man geht sie ebenso gedankenlos ein, wie unsere glücklichen Mütter ihre Flirts einzugehen pflegten.

M.: Aber die Folgen sind doch ernster. Wir sind enttäuschte Frauen in einem Alter, in dem sie noch frohmütige junge Mädchen waren.

K.: Ja, der Familiennachwuchs macht die Sache so schwer. Die Vaterschaft ist heutzutage direkt ein Kultus geworden. Alle meine Gatten waren Fanatiker der Nachkommenschaft, und ich habe acht Kinder gehabt.

M.: Acht Kinder! Dann ist es kein Wunder, daß du herabgekommen aussiehst.

K.: Ganz richtig. Meine Mutter wäre entsetzt gewesen. Zwei oder drei, höchstens vier war die richtige Anzahl zu ihrer Zeit, und fünf war ein Verhängnis und sehr selten.

M.: Gut, meine Liebe, du hättest doch nicht so viele haben müssen. Du hättest den Vaterschaftskultus etwas eindämmen sollen. Keine Frau kann heutzutage gezwungen werden, Kinder zu haben, wie unsere unglücklichen Großmütter. Hast du alle acht bei dir?

K.: Nein, das ist es eben. Ich mochte nicht so viele haben, aber wenn sie schon einmal da sind, so möchte ich sie auch bei mir haben, und ihre Väter wollen sie natürlich auch.

M.: Oh, meine Liebe, wie ärgerlich. Wenn man heutzutage Kinder hat, ist das das Unangenehmste daran. Manchmal bin ich froh, daß ich keine habe.

K.: Dann kennst du vielleicht nicht das Gesetz über die Kinder in unserem jetzigen Ehesystem? Eine gewisse Summe muß jährlich für jedes Kind in den großen Staatskindertrust eingezahlt werden; wenn die Ehe gelöst wird, wird bloß der Mutter die Aufsicht übertragen, falls der Vater sich nicht daran zu beteiligen wünscht. In letzterem Fall verbringen die Kinder ein halbes Jahr bei der Mutter, ein halbes beim Vater.

M.: Das ist schön.

K.: Das glaube ich. Aber, ach! schrecklich hart für eine Mutter. Meine zwei älteren Mädchen sind beinahe schon erwachsen; sie waren einige Jahre im Pensionat, und es war für George und mich ganz leicht, ihre Ferien zwischen uns zu teilen. Aber jetzt kann ich sie nicht mehr in der Schule lassen, und sie werden das halbe Jahr bei ihm verbringen. Gott sei Dank ist er schon einige Zeit nicht verheiratet und scheint es auch nicht zu beabsichtigen. So habe ich nicht den Einfluß einer fremden Frau zu fürchten; aber wie kann ich sie leiten, wie kann ich die richtige Kontrolle über sie haben oder irgendeinen Einfluß unter diesen Umständen auf sie ausüben?

M.: Ja, das muß sehr traurig für dich sein.

K.: Es ist schrecklich, aber es gibt noch etwas viel Ärgeres. Gordon, der Vater von Arthur und Maggie, hat wieder geheiratet, und seine Frau ist auf die ältesten Kinder eifersüchtig und sehr ärgerlich, wenn sie bei ihm sind. Und mein kleiner Arthur ist so zart, er braucht soviel Sorgfalt und Studium. Ich habe keinen glücklichen Augenblick, wenn er bei ihnen ist. Er gedeiht auch nicht recht bei den anderen Kindern. Immer, wenn er von den Besuchen zurückkommt, sieht er krank und unglücklich aus. Ich kann dir nicht schildern, was ich wegen Arthur gelitten habe. Oh, wenn ich an ihn denke, könnte ich dieses niederträchtige Ehesystem verwünschen. Es ist wider die Natur.

M.: Ach, meine Liebe, man muß ja auch die Gesetze nicht ausnützen. Warum bist du nicht mit Gordon geblieben oder in erster Ehe mit George? Das kommt sogar jetzt oft vor.

K.: Ich weiß es, ich weiß es, aber George und ich, wir paßten schrecklich schlecht zusammen. Wir heirateten als halbe Kinder. Bei dem alten System kamen gewöhnlich vernünftige Eltern dazwischen, und die jungen Leute mußten warten, bis sie ihrer selbst sicher waren. Aber du weißt ja, wie es jetzt ist. In der ersten jugendlichen Verliebtheit glaubt man auf wenigstens fünf Jahre sicher zu sein, und darüber hinaus braucht man ja nicht zu sorgen.

M.: Gut. Also du warst vierundzwanzig, als du Gordon heiratetest; warum hast du i h n nicht vorsichtiger gewählt?

K.: Das war zum großen Teil eine „wirtschaftliche Sache", wie ich in einem alten Stück, genannt das „Frauenstimmrecht" vor einiger Zeit las — wie wunderlich waren dazumal die Vorstellungen. Es kam auch etwas anderes darin vor, darüber daß „vierundzwanzig Jahre im allgemeinen nicht so jung wäre, es aber mit der Auffassung der Zeit geworden sei." Ich war wohl alt genug, um vernünftig zu handeln, aber ich war leichtlebig und liebte den Luxus, und ich konnte mit dem wenigen, was George mir dem Gesetz nach auszuzahlen hatte, nicht auskommen. Ich gebe ihm ja keine Schuld, denn es war alles, was er tun konnte, wenn er die für die Kinder nötige Taxe bestreiten sollte. So heiratete ich Gordon eines Heims halber, und freilich war das abscheulich.

M.: Und dein dritter Mann starb?

K.: Ja, der eine, der hätte leben sollen, stirbt gewöhnlich. Ich verlor ihn nach bloß zweijähriger Ehe, aber ich kann gar nicht von ihm sprechen. Er war für mich das Ideal eines Gatten.

M.: Ach, es freut mich, daß du das gehabt hast.

K.: Oh, ich habe noch Glück gehabt bei allen Mißlichkeiten, ich sagte dir's ja. Ich blieb vier Jahre, nachdem ich meinen Liebsten verloren hatte, ledig, und ihm wäre ich gerne ewig treu geblieben. Aber ich war nicht stark genug. Trotz der lieben Kinder war ich sehr einsam, da die älteren immer in der Schule waren.

M.: Ja freilich, und man braucht ja auch einen Mann, der einen betreut.

K.: Das ist richtig. Das ist eine verhängnisvolle Schwäche. So heiratete ich zum Schluß meinen lieben, guten Duncan, hauptsächlich um einen Gefährten zu haben. Ich wählte ihn vorsichtig genug. Die Erfahrung hat mich so manches gelehrt, und ich wollte nicht mit vierzig Jahren im Stich gelassen werden, wie es so vielen geschieht.

M.: Es freut mich, daß er gut gegen dich ist. Ja, es ist wirklich entsetzlich, wie viele Frauen verlassen sind, gerade, wenn sie die Fürsorge und die Liebe am meisten brauchen, wenn ihr jugendlich frisches Aussehen dahin und ihre Energie geschwächt ist. Aber warum bist du eigentlich so abgehärmt, wenn du das nicht zu fürchten hast?

K.: Ich bin nicht gerade abgehärmt — ich bin verbraucht. Zwanzig Jahre unsichere häusliche Verhältnisse sind genug, um einen zu erschöpfen. Ich konnte mich nirgends endgültig daheim fühlen oder mich einer Anhänglichkeit für einen Ort hingeben oder auch nur einen Garten für mich pflanzen. Der Freundeskreis wechselt immer, die Leute scheinen jetzt keine Häuser und Güter zu kaufen oder sich irgendwo festzuwurzeln. Wie beklagten sie sich vor vierzig Jahren über das gewohnheitsmäßige Leben! Sie wußten wenig davon, wie elend das Leben sein kann aus Mangel einer Gewohnheit.

M.: Ich mag die Einförmigkeit nicht, aber sie hat gewiß ihre Vorteile. Erinnerst du dich an meinen ersten Mann, Dick? So ein schöner Mensch. Er war total vernarrt ins Golf und die Freiluftspiele, und ich nahm ganz seine Lebensgewohnheiten an. Da war es denn eine harte Prüfung für mich, als ich Cecil Innes heiratete, der das Freie nicht mochte und sich nur für Bücher und Herumstöbern in Museen interessierte.

K.: Warum hast du Dick verlassen?

M.: Ich wollte ihn nicht verlassen. Wir lebten sehr traulich miteinander. Aber er verliebte sich in eine andere Frau. Er war ganz vernarrt in sie und verlangte, daß ich ihn freigebe. Da ich keine Kinder hatte, hielt ich es nur für anständig, nachzugeben. Cecil interessierte mich im Anfang sehr, und er vergötterte mich. Aber ich hatte ein düsteres Leben bei ihm. Du

weißt, ich bin nicht ein bißchen literarisch ange-
haucht, und er war so schöngeistig und ein solcher
Bücherwurm. Er ödete mich tödlich an. Ich war froh,
an seiner Statt Jack zu nehmen, meinen jetzigen
Mann, aber Cecils Kummer, als ich ihn verließ, war so
entsetzlich, daß ich ihn nie vergessen werde, und als
er bald nachher starb, hatte ich das Gefühl, eine Mör-
derin zu sein.

K.: Das muß eine schmerzliche Erfahrung gewesen
sein. Aber man gewöhnt sich an diese Tragödien. Man
hört von so vielen. Immer will eines frei sein und eines gebunden bleiben.

M.: Ja; und die stillschweigende Tradition, daß es eine
Ehrensache ist, den unfreiwilligen Gefährten nie zum
Bleiben bestimmen zu wollen, hebt das Gesetz auf,
daß die Ehe nur enden kann, wenn beide Teile es
wünschen.

K.: Ich bin überzeugt, daß die Tragödien der Trennung, von denen man heutzutage hört, weit ärger
sind als die durch die Ehefesseln gelegentlich hervor-
gerufenen Tragödien der guten alten Zeit — und
auch, daß sie viel häufiger sind.

M.: Es wäre keine solche Ironie, wenn i r g e n d j e -
m a n d etwas davon hätte. Aber soweit ich es beurteilen kann, leiden die Männer fast ebensoviel darunter
wie die Frauen, besonders wenn sie alt sind. Den Zeitungen aus dem Anfang des Jahrhunderts zufolge,
konnte ein alter Junggeselle oder ein Witwer immer
eine junge und reizende Frau bekommen. Aber heute
wird niemand einen ältlichen Mann heiraten, ausge-

nommen eine alte Frau, und an denen liegt den Männern nichts.

K.: Das ist sehr schade. Sie würden auf diese Weise vielem Unglück steuern, das man allerwärts sieht. Auf seine alten Tage ganz verlassen dazustehen, muß schrecklich sein.

M.: Da wir gerade von den Zeitungen reden, muß ich dir sagen, wie belustigend es ist, sie im British Museum zu lesen und aus ihnen zu ersehen, was für Wunder von dem System der Ehe auf Probe erwartet wurden, als man es zuerst gesetzmäßig festlegte. Alle die Mißstände des alten Systems sollten verschwinden: die Scheidung, der Ehebruch, die Prostitution, die Verführung, mit all diesen sozialen Übeln sollte gründlichst aufgeräumt werden.

K.: Wie unsinnig kurzsichtig waren die Leute damals! Die Scheidung ist allerdings abgeschafft, aber die Skandale und der Kummer, die gebrochenen Herzen und die zerstörten Familienleben, die sie verursachte, sind vertausendfacht. Die Untreue mag jetzt weniger häufig sein, aber wenn die Leute dazu Lust und Gelegenheit haben, dann haben sie keine Lust, eine gewisse Anzahl von Jahren zu warten, bis es dem Gesetz nach keine Sünde mehr ist. Ebenso ist es mit den anderen Mißständen. Es wird immer eine große Zahl von Männern geben, die die Ehe aus finanziellen oder anderen Gründen hinausschieben, und eine große Zahl Frauen, die nur auf eine Weise ihr Leben zu verdienen verstehen, und der älteste Erwerbszweig der Welt wird immer im Gang gehalten werden. Auch die Verführung wird nicht aufhören, so lange die Gesetze dieses Vergehen so milde beurteilen. Es wird immer unwissende, dumme und unbeschützte Mädchen geben und immer Männer, die daraus ihren Vorteil ziehen.

M.: Es scheint auch ebensoviele alte Jungfern zu geben wie früher; die Frauen, welche für die Männer nichts Anziehendes haben, bleiben bei jedem System dieselben, und oft sind sie die besten Frauen.

K.: Wie seltsam muß es sein, n i e e i n e n M a n n g e h a b t z u h a b e n.

M.: Es muß jedenfalls recht friedlich sein. Aber die alten Jungfern sehen durchaus nicht glücklicher aus als die verheirateten Frauen.

K.: Ich sehe nur ein gutes Resultat des Systems der Ehe auf Probe: daß die Frauen sich jetzt ebensosehr nach der Mutterschaft sehnen als sie im Anfang des Jahrhunderts bestrebt waren, sie zu vermeiden. Wir altern mit der Furcht vor fast sicherer Verlassenheit und Vereinsamung, und die einzige Hoffnung für unser Alter sind unsere Kinder — ach, verzeihe, ich vergaß, daß du keine hast.

M.: Ach geh — ich denke ja oft daran, und wenn Jack gegen eine andere Frau aufmerksam ist oder sie bewundert, fürchte ich mich schrecklich davor, daß er eine neue Anziehungskraft gefunden hat und mich verlassen könnte. Was für dummes Zeug sie früher über die Notwendigkeit der freien Liebe zusammengeschrieben haben! Als wenn die Freiheit etwas so Herrliches wäre. Wir sind ja doch alle Sklaven irgendeiner Konvention, einer Leidenschaft oder einer Theorie. Niemand von uns ist wirklich frei, und wenn wir es wären, würde es uns gar nicht befriedigen. Für die romantische Liebe in den Romanen mag die „Freiheit in der Liebe" ja ganz schön sein; aber jenes eigene Bedürfnis der Geschlechter nacheinander, das wir in Ermanglung eines besseren Ausdrucks im praktischen Leben „Liebe" nennen, das muß in ein festes Band geschmiedet werden; oder wie sollen wir arme schwankende Sterbliche uns sonst helfen? Die Liebe muß ein Anker im wirklichen Leben sein — nichts anderes ist gut für uns!

III. Das Fiasko der freien Liebe

Der letzte Gesichtspunkt, aus welchem alle das Betragen der Menschen beurteilen, ist das daraus folgende Glück oder Unglück.

Ein Verhalten, dessen mittelbare oder unmittelbare Endresultate schädlich sind, ist ein schlechtes Verhalten.

Herbert Spencer.

Die freie Liebe ist die gefährlichste und trügerischeste Form aller Ehesysteme genannt worden. Sie ist auf einem ganz unmöglichen ethischen Standpunkt begründet. In der Theorie ist sie die ideale Verbindung der Geschlechter, aber sie wird nur dann praktisch möglich sein, wenn Mann und Frau sich sittlich total verändert haben werden. Wenn die Leute alle treu, beständig, seelenrein und äußerst selbstlos sind, dann mag die freie Ehe in Betracht gezogen werden. Selbst dann hätten die Unschönen und Reizlosen keine Chancen.

Unter den gegenwärtigen Bedingungen hat noch kein in o f f e n e r freier Liebe lebendes Paar dieselbe erfolgreich durchgeführt, ich meine mit einem gediegenen, ständigen Erfolg. Ich glaube, es gibt Paare, die ohne ein dauerhafteres Band als ihre gegenseitige Liebe glücklich miteinander leben, aber sie stellen sich klugerweise unter den achtunggebietenden Schutz des Eherings und nennen sich Mann und Frau. So braucht die eben flügge gewordene freie Liebe nicht gegen die gewaltige Kraft des gesellschaftlichen Bannes zu kämpfen, und überdies hat man kein Mittel, zu erfahren, wie lange diese Verbindung den Versuchungen der Zeit widersteht. Die zwei bemerkenswerten modernen Beispiele von freier Liebe, an die ich mich hier natürlich erinnere, sind George Eliot und Mary Godwin. Aber bei beiden waren die Männer schon verheiratet. Sobald Harriet gestorben war, heiratete Mary Godwin den Dichter Shelley und als George Lewes dahinschied, heiratete George Eliot einen anderen Mann, eine Handlungsweise, welche die meisten Leute viel weniger verzeihlich finden als ihr ungeregeltes Verhältnis mit Lewes. Selbst die berühmten Perfektionisten von Oneida fielen nach dem Tode ihres Führers Noyes auf seinen eigenen Wunsch in die gewöhnliche Eheform zurück.

Im Ostende von London ist die Institution der freien Liebe sehr verbreitet, aber nach den Erfahrungen der Polizeibehörde sind ihre Resultate sicher nicht ermutigend. Ich hörte auch, daß sie bei den Kattunarbeitern von Lancashire sehr allgemein ist; das System der „collage" herrscht auch in den arbeitenden Klassen Frankreichs vor und scheint sich recht gut bewährt zu haben. Aber nur da, wo die Fähigkeit und Gelegenheit der Frauen, sich selbst zu erhalten, vorhanden ist, ist die freie Ehe vom ökonomischen Standpunkt überhaupt durchführbar, und selbst dann bleibt die ernste Frage der unehelichen Kinder. Alle billig Denkenden müssen einsehen, daß die Haltung der Gesellschaft den unehelichen Kindern gegenüber äußerst ungerecht und grausam ist, da sie die vollkommen Unschuldigen straft. Aber jeder erwachsene Mensch kennt diese Haltung, und jene, welche ihr trotzen, um ihrer Annehmlichkeit willen oder der Befriedigung einer Experimentierlaune zuliebe, tun es im vollen Bewußtsein, daß auf ihrem Kind sicher der Druck lebenslänglicher Benachteiligung lasten wird. Vielleicht werden viele durch dieses Bewußtsein davon abgeschreckt, das Sittengesetz zu durchbrechen; aber die Zahl der in England und Wales geborenen unehelichen Kinder war im Jahre 1905 37300 und ich glaube, es ist im Interesse dieser unglücklichen Opfer der Selbstsucht anderer h ö c h s t e   Z e i t , daß eine gütigere und weniger engherzige Haltung ihrer entrechteten Stellung gegenüber eingenommen wird.

Ich erinnere mich, als junges Mädchen ein Stück gesehen zu haben mit dem Titel „Ein Veilchenstrauß". — Die Heldin entdeckt, daß die frühere Frau ihres Mannes noch lebt, und ihr Kind daher unehelich ist. Sie sagt ihrer Tochter, sie möge zwischen ihren Eltern wählen und erklärt ihr die Vorteile des Verbleibens bei ihrem reichen und einflußreichen Vater. Die Ansprache schließt mit den Worten: „Bei mir wirst du arm und in Schmach leben, und du kannst nie heiraten!" Zweifelsohne wurde dieser Gesichtspunkt einzig und allein in Anbetracht der jungen Mädchen im Zuschauerraum festgehalten, aber seine Unvernunft stieß mich ab. Selbst der beschränkten Intelligenz einer Siebzehnjährigen ist es klar, daß ein unehelich geborenes Mädchen lieber so schnell als sie nur kann heiraten sollte, um einen bürgerlichen Namen zu erhalten, wenn schon ein Name von solcher Bedeutung im Leben ist. Es wurde kürzlich viel über die freie Liebe im Zusammenhang mit dem Sozialismus diskutiert, und höchstwahrscheinlich dank der Entstellungen gewisser Zeitungen scheint die Vorstellung Platz gegriffen zu haben, daß die Abschaffung der Ehe und ihr Ersatz durch die freie Liebe ein Teil des sozialistischen Programms sei. Es könnte unmöglich eine unwahrere Anklage erhoben werden, wie die Umfrage bei den Führern der verschiedenen sozialistischen Körperschaften rasch erweisen wird.

Die Leute, welche für die freie Liebe plädieren, führen gern ins Treffen, daß eine so persönliche Angelegenheit nur sie selbst angeht. Alle, die so denken, sollten sich eine cause célèbre der letzten Zeit zur Warnung dienen lassen, in welcher Selbstmordversuch, krüppelhafter Nachwuchs und ein die unschuldigen Kinder bis zur dritten Generation umstrickendes Gewirr von Elend sich als die Folgen einer vor fast dreißig Jahren geschlossenen freien Verbindung ergaben. Diese und noch viele andere Tragödien der freien Liebe, die von Zeit zu Zeit in den Zeitungen veröffentlicht werden, scheinen zu beweisen, wie irrtümlich die Anschauung ist, daß wir für keine unserer Handlungen Rechenschaft abzugeben haben. Ein Verhältnis, welches die zukünftige Generation beeinträchtigt, kann nie eine private und persönliche Angelegenheit sein. Vor einigen Jahren veröffentlichte E. R. Chapman einen sehr interessanten Essay über die Ehe, in welchem er sagte: „Die gesetzliche Ehe gegen bloß freiwillige Verbindungen, bloß zeitweise Gemeinschaft austauschen, heißt nicht die Liebe frei machen, sondern ihr den Todesstoß versetzen durch Loslösung von jenem menschlichen Faktor, der die richtig verstandene Ehe ist und der die Rücksicht für die Ordnung, die Rücksicht für das allgemeine Wohl über das persönliche Interesse und die bloße Selbstbefriedigung des Augenblicks stellt."

IV. Die Polygamie an einer höflichen Tafelrunde

„Am schwersten und letzten von allem ist jenes Monopol des menschlichen Herzens auszurotten, das als Ehe bekannt ist . . . Es ist mit jener häßlichen und barbarischen Form der Hörigkeit so weit gekommen, daß man den sonderbaren Einfall hat, sie für direkt göttlichen Ursprungs zu halten."

Grant Allen.

Wir nennen es die höfliche Tafelrunde, weil wir in der Hitze des Meinungsgefechtes immer rückhaltlos derb zu werden pflegen. Bei dieser Gelegenheit war die unvermeidliche Ehediskussion, die fast immer in der einen oder anderen Zeitung zu finden ist, der Gesprächsgegenstand. Der ‚biedere Börsenmann' (unverheiratet) verteidigte herzhaft den heiligen Ehestand. Seine sittliche Haltung ist gewiß etwas langweilig, aber nichtsdestoweniger gehört er zu jenen Leuten, mit denen man wirklich höflich ist. Obgleich auf dem Gesicht des ‚Familienegoisten' eine gewisse Reizbarkeit zu sehen war, hörten wir achtungsvoll zu, ausgenommen der ‚böse Börsenmann', dessen Mahlzeit einen viel zu wichtigen Raum in seinem Lebensplan einnahm, um durch ein Gespräch über moralische Themen beeinträchtigt zu werden.

Der ‚verlebte Roué' muß natürlich — das ist ihm Ehrensache — allem widersprechen, was der ‚biedere Börsenmann' sagt. Ich muß erwähnen, daß der ‚verlebte Roué' ein äußerst tugendhafter Mann und ein Mustergatte und -vater ist. Er posiert eine wüste Vergangenheit, was ihm den sarkastischen Spottnamen eingetragen hat, den er durchaus nicht durch seine Aufführung verdient. „Sie vergessen," warf er matt ein, als der ‚biedere Börsenmann' eine Pause machte, „daß kein Geringerer als Schopenhauer gesagt hat, daß der Mann von Natur aus zur Polygamie, die Frau zur Monogamie neigt."

„Ich verneine die erste Behauptung", sagte der ‚biedere Börsenmann' erhitzt. Er geriet immer in Hitze, wenn es sich um Sittlichkeitsfragen handelte, und wollte immer genaue Nachweise liefern, was eine einigermaßen langweilige Diskussion zu verursachen drohte, als der ‚Blaustrumpf' mit dünner, abgehackter Stimme entschlossen dazwischenfuhr:

„Wenn man Ihnen zuhört, könnte man glauben, daß die monogamische Ehe eine göttliche Institution ist."

„Lächerlich, was?" grinste der ‚verlebte Roué'. Der ‚biedere Börsenmann' sah bekümmert aus und räusperte sich. Bei diesem schrecklichen Signal schickte sich der ‚Familienegoist' — dessen Gereiztheit stetig wuchs, wie die nachgewiesene Verbreitung einer Zeitung — an, sein Wurfgeschoß auf den Kampfplatz zu schleudern. Das hätte jedwede Angeregtheit des Gespräches auf einige Stunden hinaus gehemmt, und es entrang sich allen ein Seufzer der Erleichterung, als unser tapferer ‚Blaustrumpf' sich noch einmal dem Lauf des Gespräches entgegenwarf.

„Sie machen ja geradezu einen Kultus aus der Bibel," quakte sie höhnisch den ‚biederen Börsenmann' an, — „aber Sie scheinen mit dem Alten Testament auf keinem sehr vertrauten Fuß zu stehen. Sie werden dort reichliche Beweise finden, daß die monogamische Ehe nicht göttlicher ist als die Polygamie oder die freie Liebe, auch daß sie keinen himmlischen Ursprung hat, da sie sich je nach Rasse und Klima änderte. Sie ist einfach ein unerläßlicher Schutz der Gesellschaft."

„Ich setze einen Schilling drauf", murmelte der ‚Tölpel' (ein unverbesserlicher junger Mann, ganz der Winston Churchill unseres Familienkabinetts), indem er seine übliche Formel anwendete. Ohne auf ihn zu achten, zirpte der ‚Blaustrumpf' ernst weiter: „Wenn Sie je Soziologie studiert haben, müssen Sie wissen, daß die Ehe hauptsächlich ein Gesellschaftsvertrag ist, der ursprünglich auf der Selbstsucht begründet war. Noch jetzt hat sie etwas von ihrer halb barbarischen Form, und jene, welche ohne Gründe ihre bewiesene Heiligkeit predigen, sollten lieber vorschlagen, wie das jetzt in Übung stehende wüste Gesetz den Notwendigkeiten der modernen Verhältnisse angepaßt werden könnte."

Sie machte eine Pause, um Atem zu schöpfen. — Der ‚biedere Börsenmann' war bleich, aber er hielt ihr mannhaft stand. „Bravo, ‚Blaustrumpf'", sagte der ‚verlebte Roué'.

„Eine prächtige Frau, unsere Wortführerin", sagte der ‚Tölpel'. — „Ich setze einen Schilling auf sie."

Der ‚böse Börsenmann' nahm eine zweite Portion Salat und aß unbekümmert weiter, während die ‚vor-

nehme Dame' an der Spitze der Tafel den ‚Familienegoisten' ängstlich beobachtete, der apoplektisch aus-
sah und so bedenklich mit seinem Weinglas spielte,
daß er dessen Laufbahn als nützlichen Gebrauchs-
gegenstand offenbar abzukürzen im Begriff war.

„Mich hat man gelehrt", sagte der ‚biedere Börsenmann' langsam, „die Ehe als eine geheiligte Institution, als ein heiliges Mysterium zu betrachten."

„Dann hat man Sie Unsinn gelehrt", schnauzte ihn der
‚Blaustrumpf' an und gab sich so den übelsten Gewohnheiten der höflichen Tafelrunde hin; sie bebte
vor intellektueller Begeisterung.

„Eine Anschuldigung", begann der ‚biedere Börsenmann' — („Gelungenes Wort, ich setze einen Schilling
darauf" murmelte der ‚Tölpel') — „ist kein Beweis",
setzte der ‚biedere Börsenmann' fort.

„Schon möglich, aber was Sie gesagt haben, war Unsinn", erwiderte der ‚Blaustrumpf'. „‚Ein heiliges
Mysterium, eingesetzt in der Unschuldszeit der
Menschheit' — ich erinnere mich an das Zitat. Und
um welche Zeit war das, wenn ich bitten darf? Beziehen Sie sich auf den Garten Eden oder irgend einen
Teil der Bibel? Das erwählte Volk, die Hebräer, war
polygamisch von der Zeit des Lamech an, offenbar
mit der Zustimmung der Gottheit. Selbst der unbe-
rührte David hatte dreizehn Frauen, und der heilige
Salomo ein rundes Tausend. Da ist nicht viel von dem
heiligen Mysterium in jenen Tagen zu spüren."

„Lieber ‚Blaustrumpf', Sie sind aber wirklich —"
murmelte die ‚vornehme Dame'.

„Durchaus nicht, sie ist ganz bei Sinnen", warf der ‚verlebte Roué' ein, der sich teuflisch an dem sichtlichen Ärger des ‚biederen Börsenmannes' weidete.

„Ich gebe es auf", sagte der letztere, wobei der ‚Tölpel' und der ‚verlebte Roué' in ein Freudengeheul ausbrachen. „Ich kann wirklich nicht gegen eine Dame von solch überwältigender Beredsamkeit aufkommen", fuhr er fort, indem er sich in entzückend galanter Art verbeugte. „Es ist alles eins, ich werde immer glauben, daß die Ehe eine heilige Institution ist."

„Mein lieber alter Junge," sagte der ‚verlebte Roué' hastig mit einem Seitenblick auf den ‚Familienegoisten', der wirklich an jenem Abend schlecht behandelt wurde, „deine Hochherzigkeit ist geradezu bewunderungswürdig, aber sie ist nicht am Platze. Sie paßt nicht in moderne Verhältnisse. In der Theorie ist die Ehe gewiß ein heiliges Mysterium. In der Praxis wird sie ein unheiliger Wirrwarr, oft eine Erniedrigung. Ich persönlich glaube an die Polygamie.'

Nur schwer unterdrückten alle ein Lachen bei dem Gedanken an seine wachsame Gattin und seine verschiedenen, schon von Geburt an wachsamen Kinder. „Auch ich, einen Schilling setze ich drauf", sagte der ‚Tölpel' unentwegt. „Nicht für mich selbst natürlich," fuhr der ‚verlebte Roué' fort, ohne die Spur eines Lächelns, „das heißt nicht — ich meine — nicht jetzt, aber im allgemeinen gesprochen, und ich meine abstrakt genommen, wäre die Polygamie eine vernünftige Institution. Denken Sie nur daran, wie sie unsere modernen Komplikationen vereinfachen und unsere beiden ärgsten sozialen Übel verbessern würde."

„Ja, d e n k e n Sie bitte, das wird genügen", warf die ‚vornehme Dame' hastig ein.

„Und wie es die überflüssige Frauenfrage lösen würde," fuhr der ‚verlebte Roué' fort. „Denken Sie an die ungeheuere Zahl unglücklicher alter Jungfern, die dann glücklich versorgt wären." Der ‚Blaustrumpf' ließ ein entrüstetes Gequiek vernehmen.

„Denken Sie an die Ausgaben," bemerkte der ‚biedere Börsenmann' trocken, und der ‚verlebte Roué' sank zusammen wie ein angestochener Gasballon. „Herbert Spencer sagt," fuhr der ‚biedere Börsenmann' fort, „daß die Tendenz zur Monogamie angeboren ist und alle anderen Formen der Ehe zeitweise Verirrungen gewesen sind, von denen jede die entsprechenden Übel nach sich zog. Schließlich ist die monogamische Ehe zum Schutz der Frauen eingesetzt und wurde in den großen und edlen Zeitaltern der Weltgeschichte heilig gehalten. Ganz abgesehen von dem moralischen Gesichtspunkt könnte die Polygamie jedoch nur in tropischem Klima möglich sein, wo die Lebensbedingungen auf ein Minimum reduziert wären und man von Datteln und Reis leben könnte. Aber der Durchschnittsmann in unserem ruhmreichen Freihandelland kann ja nicht einmal e i n e Frau in angemessener Weise ernähren, geschweige denn mehrere. Ich frage, wie es im Namen des Bankdiskonto . . . ."

„Ihr Börsenmenschen seid alle so schrecklich knauserig", erwiderte der ‚verlebte Roué'. „Habe ich nicht gesagt, abstrakt genommen? Natürlich weiß ich, daß es praktisch nicht möglich wäre, jetzt noch nicht; aber ich glaube wirklich, daß es das ganze sexuelle Problem lösen könnte."

„Keiner von euch scheint die Frauen in Betracht zu ziehen", piepste der ‚Blaustrumpf'. „Glauben Sie denn, daß wir modernen Frauen mit unseren Hilfsquellen und unserer Bildung so einen Gedanken nur einen Augenblick ins Auge fassen würden?"

„Gut, was denken Sie darüber?" fragte der ‚verlebte Roué' mit diplomatischer Ehrerbietung.

Zu unserer Überraschung begann der ‚Blaustrumpf' zu erröten, und ihr Erröten ist nicht das sittsame, unverantwortliche Rotwerden eines gewöhnlichen Mädchens, sondern ein quälendes Zuströmen des Blutes ins Gesicht unter dem Druck tiefernsten Verhaltens, jene Art von Erröten, bei der man wegschauen muß.

„Nun", sagte sie mit einem Schlucken, — „ich denke, vielleicht — vielleicht würden sie es tun."

Es war klar, daß es sie etwas gekostet hatte, dies zuzugeben. Wir waren wie vom Donner gerührt. Der ‚Familienegoist' vergaß seine brennende Redelust und hörte auf, das Weinglas zu bedrohen, die ‚vornehme Dame' war ganz aufgeregt, der ‚verlebte Roué' wurde beinahe munter und der ‚biedere Börsenmann' sah aus, als wenn er eben in Tränen ausbrechen wollte.

„Ich glaube, wir Frauen wären nicht gegen die Polygamie, — nur um das kleinere Übel zu wählen," fuhr der kleine ‚Blaustrumpf' tapfer fort, „denn die gegenwärtige Vergeudung der Weiblichkeit in unserem Lande ist ein sehr ernstes Übel. Natürlich machen es die finanziellen Verhältnisse unmöglich, wie der ‚biedere Börsenmann' sagt, aber wenn es möglich wäre, wenn es aus ehrenwerten Motiven und in ganz eh-

renwerter offener Weise von — ich meine, den geeigneten Persönlichkeiten — autorisiert und sanktioniert
wäre, dann glaube ich, die Frauen könnten es ohne
Verlust der Selbstachtung aufnehmen, besonders,
wenn die erste jugendliche Liebesglut vorüber ist.
Nach diesem Stadium, und wenn eine Frau sich selbst
vergißt, dadurch, daß sie sich wirklich erst in der Liebe und der Sorge für ihre Kinder und einer weiteren
Auffassung des Lebens und seiner Pflichten selbst
gefunden hat, dann denke ich, könnten die meisten
Frauen unter solchen Umständen glücklich sein. Ich
glaube, es wird eine Menge unsinniges Zeug über die
Qualen der menschlichen Eifersucht zusammenge-
schwatzt, und über die Eifersucht der Frau im besonderen. Die Männer mögen ja darunter leiden, darüber
kann ich nicht urteilen, aber ich bin überzeugt, bei
den Frauen ist es nicht so. Die Demütigung, die Lieb-
losigkeit, die Tatsache, ‚betrogen‘ und durch eine
andere verdrängt worden zu sein, d i e verletzen so,
wenn ein Mann untreu ist. Aber wenn es ganz anständig und ehrlich wäre, wenn es begriffen würde,
daß die Polygamie der Natur des Mannes mehr ent-
spricht und der größten Anzahl von Frauen Glück zu
bereiten geeignet ist, — da sie so in der Überzahl sind,
daß sie nicht erwarten können, jede einen Gefährten
zu finden — dann glaube ich wirklich, nachdem die
Frauen sich diesen neuen Verhältnissen anzupassen
Zeit gehabt haben — es mag ein oder mehrere Generationen dauern — dann würden sie sie ganz froh
anerkennen und Frieden und Befriedigung in ihr finden.“

Der ‚Blaustrumpf‘ machte eine Pause und sah auf die
gespannten Gesichter ringsum. Sogar der ‚Tölpel‘ war
auf ihre Worte gespannt, aber der ‚biedere Börsen-

mann' hatte seine Blicke abgewendet, und der ‚Blaustrumpf' war ganz bleich, als sie fortfuhr.

„Natürlich denkt man bei dem Wort gleich an den Harem und orientalische Frauengemächer, aber nichts von dieser Art würde sich bewähren. Die Frauen müßten getrennt leben, nicht bei dem Manne wohnen, jede in ihrem eigenen Heim, mit ihrem eigenen Interessen- und Pflichtenkreise, jede mit ihrer eigenen Arbeit. Keine dürfte im Müßiggang leben, welcher die Ursache alles Zwistes und aller Trübungen ist. Jede Frau sollte etwas arbeiten und irgend jemandem helfen. Ich denke jetzt natürlich nicht an die glücklich verheirateten und zufriedenen Frauen, sondern an die tausende, die ein elendes, dumpfes und einsames Leben führen und unendlich glücklicher wären, wenn sie sich auf eine bestimmte, in regelmäßigen Intervallen wiederkehrende Woche freuen könnten, in der der Mann mit ihnen leben würde. Es würde Liebe und menschliche Interessen und, was das Wichtigste ist, einen I n h a l t in ihr Leben bringen. Ich weiß, es klingt entsetzlich unmoralisch," fuhr sie fort und errötete wieder peinlich, „aber ich meine es nicht so. Schließlich ist die Hauptursache, warum die Leute heiraten, die Kameradschaft, und diese hauptsächlich fehlt den unverheirateten Frauen nach der heiteren Zeit der ersten Jugend. Der natürliche Gefährte des Weibes ist der Mann. Daraus folgt, da nicht genug Männer da sind, um sie glücklich zu machen, daß es ein größeres Übel gibt als sie zu teilen. Ich behaupte nicht, daß es so befriedigend wäre, als einen treuen Gatten ganz für sich zu haben, aber es könnte für das größte Wohl der größten Anzahl gut sein, und es würde sicherlich bis zu einem gewissen Grade die sozialen Mißstände aufheben."

Alle klatschten, als sie etwas atemlos geendet hatte. Es war klar, daß es dem braven ‚Blaustrumpf' so sehr an dem eigenen Mut der Meinung fehlte, daß sie in tödlicher Verlegenheit war, als sie ihr öffentlich Ausdruck verleihen mußte. Die ‚vornehme Dame', die das taktvollste Wesen der Welt ist, stand daher auf, bevor jemand etwas gesprochen hatte, und die beiden Frauen verließen zusammen das Zimmer.

Unter den Männern entstand ein Stimmengewirr, welches der ‚biedere Börsenmann' dazu benutzte, auch still zu verschwinden.

„Gebt den Porter weiter!" sagte der ‚böse Börsenmann' munter: „Sie ist ein verteufelt gescheites Weib, aber wie sogar die geistreichen Frauen von einer solchen Lebensunkenntnis sein können, frappiert mich, und auch, wie ihr da solche Heuchler sein könnt! . . ."

„Heuchler! Was meinen Sie?" brauste der ‚Familienegoist' auf, der jetzt vor lauter unterdrücktem Reden fast platzte.

„Nicht Sie, alter Freund, aber der ‚verlebte Roué' und der ‚biedere Börsenmann', die so herumschwätzen als ob bei uns zulande die Monogamie vorherrschte und die Polygamie etwas Neues wäre. Natürlich erwartet man es von dem ‚biederen Börsenmann', aber Sie, ‚verlebter Roué', sollten es wirklich besser wissen. Ja richtig, wo ist der ‚biedere Börsenmann?'"

„Ich glaube, er hat sich um den Blaustrumpf beworben, um sie vor der Polygamie und ihren eigenen Ansichten zu retten", näselte der ‚verlebte Roué', indem er eine Zigarette anzündete.

„Ein schneidiger Kerl; ich glaube wirklich, er hat es getan", rief der ‚Tölpel' aufgeregt. „Ich setze einen Schilling gegen jeden von euch darauf. Ich meine es wirklich."

„Nun, und wenn er es getan hat?" sagte der ‚Familienegoist' gereizt. „Was macht's, wenn ein Narr mehr auf der Welt ist? Hört auf, Unsinn zu schwatzen, Kameraden, und laßt den Porter die Runde machen!"

V.   Ist die legalisierte Polyandrie die Lösung?

In W. Sommerset Maughams sehr interessanter psychologischer Studie „Mrs. Craddock" sagt eine der Personen: „Es können nämlich wenige Frauen mit nur einem Manne glücklich sein. Ich glaube, daß die einzige Lösung des Eheproblems die legalisierte Polyandrie [2] ist."

Es ist nur ehrenwert, diese Sorte von Behauptungen mit Entsetzen entgegenzunehmen; aber wenn die Geheimnisse des weiblichen Herzens bekannt wären, käme heraus, daß ein gut Teil dieses Entsetzens erheuchelt ist. Ich lehne es ab, mein Geschlecht irgendwie auszuliefern. Maugham ist ja ein im Studium des weiblichen Herzens sehr erfahrener Mann und ich kann wohl sagen, er weiß, wovon er spricht. Überdies ist er sicherlich unverheiratet. Aber selbst er verschanzt sich hinter einem der Charaktere seiner Novelle, und warum sollte man von mir größeren Mut erwarten?

Freilich liegt in dem Wort legalisiert eine wunderbare Kraft. Die profansten und entsetzlichsten Ehen zwischen schönen jungen Mädchen und reichen, adeligen

Mummelgreisen, Trunkenbolden oder Trotteln werden als ganz gehörig und ehrenwert betrachtet, weil sie legalisiert sind. Und dennoch würden die Leute, die diese Abscheulichkeiten hinnehmen, wahrscheinlich äußerst schockiert sein bei der bloßen Andeutung der Polyandrie, eines weit schicklicheren Geschlechtsverhältnisses, weil es durch wirkliche Geschlechtsanregung geregelt und voraussichtlich frei von krämerischen Rücksichten wäre. Aber gleichviel, ob die legalisierte Polyandrie die eigentliche Lösung des Eheproblems ist oder nicht, sie ist gewiß eine unmögliche für das frauenreiche England, und obgleich die Frauen in den letzten Jahren erschreckend breit ausgegriffen und sich von ungeahnter Lebenskraft besessen erwiesen haben, ist es unwahrscheinlich, daß sie ihre überflüssigen Energien nach dieser Richtung hin verausgaben werden.

[2]. Gesetzlich geregelte Vielmännerei.

VI. Ein Wort für die Duogamie

„Geschaffen hat euch Gott, aber verheiraten müßt ihr euch selbst."

R. L. Stevenson.

Am Tage nach der höflichen Tafelrunde kamen Isolda, Miranda und Amoret zu mir zum Tee, und ich erzählte ihnen von der Diskussion des vorigen Abends über die Polygamie.

„Ich verstehe schon den Standpunkt des ‚Blaustrumpfs‘“, sagte Isolda nachdenklich. „Die Polygamie mag für die überflüssige Frau, die unter den gegenwärtigen Bedingungen nicht heiraten kann, annehmbar sein, für das unbefriedigte alte Mädchen, das des Ledigseins so überdrüssig ist, daß es sogar die Polygamie vorziehen würde, aber nie wäre sie es für die Frau, die sich verheiraten kann und sich verheiratet.“

„Und doch, wieviele verheiratete Frauen gehen heutzutage darauf ein“, sagte Miranda. „Gibt es nicht so viele Frauen, die die Untreue ihres Gatten verzeihen und sie so gut als möglich ertragen um der Kinder oder anderer gesellschaftlicher Vorteile willen, oder weil sie ihrem Manne so ergeben sind, daß sie es vorziehen, ihn mit einer anderen zu teilen, als allein ohne ihn zu leben? Und was ist das anderes, als die Polygamie hinnehmen?“

„Ja, aber dann sind die anderen Frauen nur Geliebte“, rief Isolda aus. „Das mag man unfreiwillig dulden, aber eine andere gesetzliche Frau mit ebensolchen Rechten wie die unseren, und was noch schlimmer ist, mit Kindern, die den unseren gleichgestellt werden — niemals!“

„Gut, vielleicht nicht,“ gab Miranda zu, „ich vermute, eine gesetzliche und ständige Nebenbuhlerin wäre etwas anderes, und schließlich kann man ja nur von dem Mittelstand in England als ausgesprochen monogamisch reden. Die oberen und die unteren Gesellschaftsschichten sind so polygamisch als nur möglich. Wir tun nur in unserer britischen Heuchelei so, als ob bei uns die Monogamie die Regel wäre.“

„Ziehe nicht gegen die britische Heuchelei los," sagte Amoret träge. „Es ist unser kostbarstes Nationalerbe. Die Heuchelei hält den Gesellschaftsbau zusammen."

„Zugegeben", sagte Isolda. „Wir müssen des Friedens halber und dem Ideal zuliebe so tun, als ob wir glaubten, daß die Monogamie die Regel ist. Natürlich weiß jeder, daß es überall eine Menge polygamer Männer und eben deshalb auch polyandrischer Frauen gibt, aber die Heuchelei ist eine zu große Stütze der Schicklichkeit, und eine Nation muß, in der Theorie wenigstens, Schicklichkeit haben, wenn schon nicht in der Praxis, sonst würden wir — hm — dem Niedergang zusteuern wie die Römer."

„Darauf war ich gefaßt, daß eine von euch die Römer erwähnen wird," warf Amoret ein, die bei all ihrer Leichtfertigkeit eine gewisse humoristische Verschmitztheit besitzt. „Das ist ein unvermeidlicher Zug aller Diskussionen über die Ehe. Sowie nur jemand etwas von dem Vorschlag verlauten läßt, daß die Ehebande geschmeidiger gestaltet werden sollten, um sich den modernen Verhältnissen anzupassen, zieht jeder der Anwesenden, ausgenommen die unglücklich Verheirateten, ein langes Gesicht und zitiert das entsetzliche Beispiel der Römer. Nun ist mir eine glänzende Idee für die Lösung des Eheproblems gekommen."

„Sag sie uns", riefen die drei Anwesenden einstimmig.

„Noch nicht, erledigen wir erst die Römer. Ich vertraute neulich einem Mann meine Idee an; nachdem er mir wie üblich die Römer vorgesetzt hatte, ging ich und sah im Gibbon nach."

Allgemeines Lachen unterbrach sie. Die Vorstellung, daß unser Schmetterling Amoret über dem Gibbon büffeln sollte, war zu komisch.

„Ja wirklich, ich hab es getan," fuhr sie fort, „und was ich herausfinden konnte, war, daß nicht ihre leichtfertigen Ideen über die Ehe ihren Niedergang verursachten, sondern ihre — wie soll ich's nennen? — allgemeinen lockeren Sitten . . ."

„Ich weiß es," sagte Isolda, ihr zu Hilfe kommend, „ich las neulich ein riesig interessantes Buch darüber: Kaiserlicher Purpur. Es war das Erlöschen aller Ideale, die Freigabe aller fleischlichen Begierden, der durch Ausschweifungen und üppiges Leben entstehende äußerste Mangel an sittlichem Halt, der die Römer zugrunde richtete; aber wenn eine tüchtige, kaltblütige Nation wie die unserige die beengenden Ehebedingungen lockern wollte und an der Neuerung genau festhielte, dann ist es Unsinn, zu behaupten, daß alle unsere Ideale entarten und infolgedessen das Reich zusammenstürzen würde!"

„Hört, hört! Ganz wie der ‚Blaustrumpf'!"

„Gut," sagte Miranda. „Ich will also auf eure Ideen über die Römer eingehen, schon damit wir in unserem Thema weiterkommen. Nun laß uns deine großartige Idee hören, Amoret."

„Also folgendes: Duogamie", sagte Amoret.

„Duo — zwei?"

„Sehr richtig — zwei Partner für jedes. Wir sind heutzutage alle so kompliziert, daß einer uns unmöglich befriedigen kann. Zwei würden gerade genügen. Zwei würden die Spannung des Ehelebens lockern, und doch nicht zu dem führen, was die Zeitungen „Ausschweifung" nennen. Jeder hätte eine zweite Chance, und was dem ersten Partner fehlt, das würde der zweite einem ersetzen."

„Es ist keine üble Idee", sagte Isolda nachdenklich. „Lancelot könnte zur zweiten Frau eine solche wählen, die gut marschiert und Bridge spielt, und ich würde einen Mann zu finden trachten, der die Karten haßt und nie einen Schritt geht, wo er reiten kann."

„Ich glaube, es ist eine grandiose Idee!" rief Miranda begeistert. „Lysander könnte eine Frau finden, die ihn am Klavier begleitet und Opern gern hat, und ich würde mich nach einem Mann umsehen, der das ernste Schauspiel pflegt und zwei ständige Sperrsitze im Vedrenne-Barker-Theater hätte."

„Das wäre ja geradezu die Lösung für alles", rief Amoret verzückt. „Wenn Theodor unausstehlich gewesen ist, würde ich auf und davon gehen zu meinem „Zweiten" — und doch mit dem Gefühl, ihn nicht zu vernachlässigen, da er zu s e i n e r „Zweiten" gehen könnte! Sie wäre wahrscheinlich eine treffliche, beschränkte, einer Stütze bedürftige Dame, die keinen meiner Fehler hätte, und wenn er von ihrer beschränkten Hilfsbedürftigkeit genug hätte, dann würde er zu mir zurückkehren, und wißt ihr, sogar meine

Fehler würden ihm — dem Gesetz des Kontrastes zufolge — gefallen, und umgekehrt."

„Es ist wirklich eine wunderbare Idee," sagte Isolda nachdenklich, „es wundert mich, daß niemand früher darauf gekommen ist. Es gäbe weniger alte Jungfern, denn die Männer würden die Ehe nicht so scheuen, wenn sie wüßten, daß es noch immer eine zweite Chance gibt. Sie würden von einer Frau auch nicht soviel erwarten wie jetzt. Und stellt euch nur vor, was für eine gute Wirkung es auch auf unser Verhalten ausüben würde — wie lieb und höflich und beherrscht wir wären, aus Furcht, im Vergleich mit der ‚Andern' in ungünstigem Lichte zu erscheinen."

„Ja, es würde uns gewiß auf einem Niveau erhalten, auf dem wir den Erwartungen genügen würden," bemerkte Miranda, „unordentliche Frauen würden sich bemühen, nett zu werden, und zänkische würden ihrer Zunge Einhalt tun. In ihrem Bestreben, den ‚Andern' aus dem Felde zu schlagen, würden die Ehemänner galant und aufmerksam wie Liebhaber werden."

„Es würde alle Verwicklungen lösen," erklärte Amoret, „nehmt nur einmal die uns persönlich bekannten Fälle. Die Smiths zum Beispiel haben schon drei Jahre nicht miteinander gesprochen, weil Fred sich in Fräulein Brown verliebte und fast seine ganze Zeit mit ihr verbringt. Frau Smith ist tiefbekümmert, Fred sieht recht elend aus — ein Heim, in dem man nichts spricht, muß ja eine Hölle sein —, und die junge Brown droht immer, sich etwas anzutun. Die Sache hat den Smith direkt das Leben verdorben und für die Kinder muß es sehr hart sein, in solch einer Atmosphäre heranzuwachsen. Mein Plan würde all diesem Elend abhelfen: Fred hätte Fräulein Brown heiraten und zeitweise ganz glücklich mit Frau Smith leben können."

„Aber was würde Frau Smith in den Zwischenpausen tun? Sie hat zufällig keine ‚entgegengesetzte Anziehungskraft' gefunden."

„Nun vielleicht, wenn die Duogamie üblich wäre, hätte sie sich nach einer umgesehen," sagte Amoret, „ich bin überzeugt, die meisten Frauen könnten einen zweiten Gefährten finden. Aber übrigens ist ja kein System vollkommen, und es gibt eine Menge Frauen, die überhaupt keinen zweiten Mann haben möchten und nur zu froh wären mit einer Ruhepause, in der man keine Diners anzuschaffen braucht. Nehmt dann den Fall Robinson: Dick Jones verehrt Frau Robinson sehr und ist äußerst unglücklich, weil er ihr nicht mehr als ein Freund sein kann. Sie hat ihn sehr gern und auch ihren Mann; sie könnte beide sehr glücklich machen, wenn sie sich teilen wollten."

„Ich habe oft empfunden, daß ich zwei Männer beglücken könnte", sagte Isolda. „Einige meiner besten Eigenschaften sind an Lancelot verschwendet. Er wird auch nie des Landlebens und seines geliebten Golfs überdrüssig, ich aber wohl, und wenn mich wieder einmal meine Sehnsucht nach London überkommt, würde ich mich schnell nach der Stadt aufmachen und eine famose Zeit mit meinem Londoner Gatten verleben."

„Ohne das Gefühl, irgend ein Unrecht zu tun," ergänzte Amoret, deren sichtliche Erfahrung in Gewissensskrupeln mir etwas verdächtig erschien.

„Liebe Kinder, es tut nicht gut", sagte Miranda plötzlich. „Es tut nicht gut — aus ist's mit der Duogamie! Denkt an die Dienstboten!"

„Entsetzlich, die Dienstboten!" sagte Isolda bestürzt.

„Ja, ich fürchtete, daß ihr den wunden Punkt bald herausfinden würdet", sagte Amoret bedauernd. „Natürlich wäre es schrecklich, zweierlei Dienstboten zu beaufsichtigen zu haben. Ein Gatte könnte sich vier oder fünf leisten und der andere nur ein bis zwei, und jede Dienerschaft würde in Abwesenheit der Frau außer Rand und Band geraten."

„So hätte man anstatt eines vollständig glücklichen Lebens mit zwei Gatten, die uns um die Wette zu gefallen bestrebt sind, eine fürchterliche Existenz durch fortwährendes Abrichten der Dienerschaft. Kaum, daß man A.'s Dienerschaft in Ordnung gebracht hätte, wäre es Zeit, zu B. zurückzukehren und dort mit dem gleichen zu beginnen."

„Nein, dafür dank ich," sagte Isolda entschieden, „die Dienstboten e i n e s Hauses sind mir gerade genug. Ich habe schon hundertmal gesagt, daß ich bloß wegen der leidigen Dienstboten nicht geheiratet haben möchte. Es wäre verrückt, sich jetzt diese Plage noch zu verdoppeln. Du kannst mich aus der Liste der Duogamistinnen streichen, Amoret, bis die Dienstbotenfrage durch die Erfindung irgend einer neuen Maschine oder den Import von Chinesen gelöst ist."

„Vielleicht", warf Amoret hoffnungsvoll ein, „würde dein ‚Zweiter' darein willigen, im Hotel zu leben?"

„Solches Glück habe ich nicht," sagte Isolda traurig, „wenn ein Mann heiratet, so ist es meistens wegen des Heims — warum sollte er sonst heiraten, abgesehen von den Kindern? Guter Gott! Ich habe ja an die Kinder ganz vergessen. Natürlich gibt das der Sache den Rest."

„Die ‚Sackgasse aller Reformen'!" sagte Amoret tragisch. „Es ist unmöglich, irgend eine Neuerung im Ehesystem vorzuschlagen, die nicht gleich durch die Komplikation des Nachwuchses annulliert wird."

Wie saßen alle schweigsam in Gedanken versunken; Isolda schauerte zusammen.

„Mit der Duogamie ist's nichts!" sagte sie pathetisch, „und ich bin so enttäuscht!"

VII. Die Vorteile der Ehe „auf Sicht"

„Die Ehe ist abschreckend, aber auch ein kaltes und verlassenes Alter ist es."

R. L. Stevenson.

Von allen revolutionären Vorschlägen zur Verbesserung des gegenwärtigen Ehesystems erscheint mir die Ehe „nach Billigung" — mit anderen Worten die „Ehe auf Sicht" die vernünftigste und durchführbarste. Das Verfahren wäre ungefähr folgendes: Ein Paar, das heiraten will, würde einen gesetzlichen Vertrag schließen des Inhalts, daß sie einander für eine begrenzte Zahl von Jahren — sagen wir drei — zu Gatten wählen. Dieser Zeitraum würde zwei Jahre Versuchszeit bieten, nachdem das abnormale und außergewöhnlich kritische erste Jahr vorüber wäre. Eine kürzere Zeit wäre ungenügend. Nach Ablauf der drei Jahre hätten die Kontrahenten das Recht auf Lösung der Ehe, die Lösung sollte aber erst nach weiteren sechs Monaten in Kraft treten und so jede Gelegenheit bieten, die Echtheit des Scheidungswunsches zu erhärten. Wenn keine Scheidung gewünscht wird, würde die Ehe durch eine religiöse oder endgültige gesetzliche Zeremonie genehmigt und für immer bindend werden.

Im Falle einer geschiedenen Ehe hätte jeder Teil die Freiheit, wieder zu heiraten; aber der zweite Versuch müßte vom Anfang an endgültig und bindend sein. Diese Einschränkung ist absolut notwendig, wenn die „Ehe auf Sicht" nicht in eine Art gesetzlich geregelter „freier Liebe" ausarten soll, da es viele Männer und manche Frauen gibt, die immer von neuem solche Ehen schließen würden, und das Ende der Sache wäre nichts anderes als die „Probeehe" für den kurzen Zeitraum von drei Jahren.

Man wird gegen diesen Plan einwenden, daß viele Paare, die am gefährlichen Wendepunkte des Ehelebens — d.i. nach ca. zehn Jahren — Malheur haben, in den ersten Jahren vollkommen glücklich sind. Aber da mal die menschliche Liebe so veränderlich ist und die Leute wie die Lebensbedingungen dem Wechsel so unterworfen sind, ist es unmöglich, zu irgend einem feststehenden System zu gelangen, das darauf Rücksicht nimmt. Es muß jedoch daran erinnert werden, daß in der Mehrzahl der unglücklichen Ehen nicht das System zu tadeln ist, sondern die Individuen. Die Einführung des ehelichen Noviziates würde jedoch die Zahl der Scheidungen dadurch beträchtlich vermindern, daß durch sie das jetzt so häufige Nichtzusammenpassen der Temperamente weit seltener würde. Das eheliche Noviziat würde jenen eine zweite Chance bieten, die eine schlechte Wahl getroffen haben, ohne jedoch in jene Promiskuität auszuarten, die für die Gesellschaft eine Gefahr und für die höchsten Interessen der Rasse verhängnisvoll ist. Von welchem anderen System kann man das sagen?

Für die im Noviziat lebenden Frauen müßte man eine neue Bezeichnung erfinden, die sie nach gelöster Verbindung beibehalten würden. „Frau" wäre nach wie vor die unterscheidende Bezeichnung für jene weiblichen Wesen, die in den endgültigen und bindenden Ehestand eingetreten sind. Ob die Frau den Zunamen des Mannes während der Probezeit annehmen sollte, wäre eine andere, durch die Majorität zu entscheidende Frage; ich wäre dafür, daß sie ihren Mädchennamen mit obbesagter Bezeichnung behielte und den Namen des Mannes nur mit dem endgültigen Titel „Frau" annähme. Aber das sind bloße Details.

Was die wichtige Frage der Kinder anbetrifft, so würde die Nachkommenschaft aus einer „Probeverbindung" natürlich legitim sein, aber ich meine, daß kluge Leute darauf bedacht sein würden, keine Kinder zu bekommen, so lange die Ehe nicht endgültig geschlossen ist. Gewiß würden Kinder eher die Ausnahme als die Regel sein, und die Frage ihrer Fürsorge in den Fällen gelöster Ehen würde die durchdachteste Gesetzgebung erheischen. Den Aufenthalt des Kindes zwischen den Eltern zu teilen, ist ein nicht wünschenswertes Auskunftsmittel, das bis zu einem gewissen Grad nachteilig wirken muß, da ein ständiger Aufenthaltsort mit regelmäßigen Gewohnheiten von ungeheurer Wichtigkeit für das Wohlergehen der Kinder ist. Den Vater jedoch ganz zu berauben, ist ebenso unangebracht.

Das „eheliche Noviziat" ist kein neues System. Es war vor der Reformation in Schottland unter dem Namen „Händeschütteln" üblich. Die Männer und Mädchen trafen sich bei den jährlichen Jahrmärkten und erklärten einander durch die Zeremonie des „Händedrucks" zu Gatten auf ein Jahr. Am Jahrestag dieser Zeremonie wurden sie — wenn alles gut gegangen war — durch einen Priester gesetzlich getraut. Wenn sie die Verbindung als einen Mißgriff erkannt hatten, so schieden sie.

VIERTER TEIL
DIE KINDER — DIE SACKGASSE ALLER REFORMEN

„Ein frühes Ergebnis teils des Geschlechtes, teils der passiven Art der ersten Urmutter ist Begründung einer neuen und schönen Gemeinschaftsform — der Häuslichkeit . . . Eine Tages erscheint in diesem Raum ohne Dach jenes Wesen, das bestimmt ist, die Lehrer der Welt zu lehren — ein kleines Kind."

Henry Drummond.

„Jede echte Frau ist von Natur aus eine Mutter und findet am besten in der Mutterschaft ihre soziale und sittliche Erlösung. Sie soll durchs Gebären erlöst werden."

Grant Allen.

„Kinder sind eines Mannes Macht und sein Stolz."

Hobbes.

I. Kinder oder keine Kinder — die Frage des Tages

„Die Ehe wurzelt daher vielmehr in der Familie als die Familie in der Ehe."

Westermarck.

Wenn wir die Kinder aus dem Spiel lassen könnten, wäre die Neugestaltung der Ehebedingungen recht einfach. Aber meine Freundin Amoret hat dieses Problem sehr richtig „die Sackgasse aller Reformen" genannt. Jedes System, sei es Probeehe, freie Liebe, Polygamie, Polyandrie, Duogamie — jedwedes System, das die Vaterschaft des Kindes zu verschleiern oder das Kind der erprobten Vorteile eines ständigen Heims zu berauben trachtet — ist von Anbeginn aussichtslos. Das bezieht sich jedoch nur auf Ehepaare, die Kinder haben. Früher erwarteten alle jene, die heirateten, Nachkommenschaft und waren enttäuscht, wenn diese Hoffnung nicht erfüllt wurde. Daß es möglich ist, die Zahl der Nachkommenschaft zu beschränken oder gar die Elternschaft ganz zu vermeiden, wußten sie natürlich nicht. Heute ist das alles anders, und die Malthusianischen Lehren herrschen überall.

Bernard Shaw sagt: „Daß man die Ehe künstlich unfruchtbar machen kann, ist die revolutionärste Errungenschaft des 19. Jahrhunderts." Gewiß ermöglicht sie die umstürzlerischen Vorschläge über die Ehe oder würde sie vielmehr durchführbar machen, wenn man die „Errungenschaft" allgemein in Praxis umsetzte.

So muß denn der Satz aufgestellt werden, daß da, wo Kinder sind, keinerlei Änderung unseres gegenwärtigen Ehesystems ratsam ist, und daß die Leute, die es mit neuen Ehesystemen versuchen wollen, entschiedenst die „Sackgasse aller Reformen" vermeiden und kinderlos bleiben müssen.

Kinder oder keine Kinder — das ist heutzutage die Frage. Es gibt kaum ein Thema, über das die Ansichten mchr auseinandergehen. Manche Leute betrachten die Elternschaft als das schrecklichste Unglück; andere wieder meinen, daß es nutzlos leben hieße, wenn man ohne Nachkommenschaft sterben wollte. Ich hörte ein Mädchen einst sagen: „Ich hasse Kinder; es ist viel besser, sich ein paar liebe Hunde zu halten," und das war kein unwissendes oder lebensfremdes Mädchen, sondern ein gesundes, kluges, voll entwickeltes junges Weib von 26 Jahren. Und vor kurzem teilte mir ein anderes Mädchen ihre Verlobung mit und fügte gleich hinzu, daß sie durchaus nicht die Absicht habe, Kinder zu bekommen. George Moore sagt in seinem düsteren und abstoßenden Buch „Die Beichte eines jungen Mannes": „Möge ich kinderlos sterben, damit, wenn meine Stunde kommt, ich mein Antlitz zur Mauer wenden und mir sagen kann, daß ich das große Unheil menschlichen Lebens nicht vermehrt habe — dann werden meine Sünden in Dunst vergehen wie eine Wolke — und wäre ich auch ein Mörder, Zuhälter, Dieb und Lügner gewesen. Aber derjenige, dessen Sterbebett Kinder umstehen — und wäre sein Leben in allem anderen ein vortreffliches gewesen —, wird von dem wahrhaft Weisen für gottlos gehalten werden und der Makel wird ewig auf seinem Andenken haften." (Bei diesen Zeilen wundert man sich, warum George Moore das „große Unheil menschlichen Lebens" in seiner eigenen Person weiter aufrecht erhält, wo er doch seine Existenz so leicht beenden könnte, ohne irgend jemanden zu betrüben!)

Aber ich habe viele Leute, Männer und Frauen, ledige und verheiratete, sagen hören, daß ohne Kinder die Ehe keinen Sinn hat, welcher Meinung ich von Herzen beipflichte. So manches warmblütige, lebensvolle, tapfere junge Weib vertraute mir an, daß sie — gleichviel, ob sie heiraten würde oder nicht — um jeden Preis Mutter zu werden wünsche. Es ist eine der traurigen Folgen der Scheu der Männer vor der Ehe, daß solche prächtige Frauen vorsätzlich ihre herrliche Sehnsucht nach Mutterschaft unterdrücken müssen, — oder dafür, daß sie ihr unterliegen, einen fürchterlichen Preis zahlen müssen, den nicht sie allein entrichten, sondern auch das in die Welt gesetzte Kind. Solche Frauen trifft man jedoch nicht oft.

Und jetzt kommen wir zu den Gründen, um deretwillen die Leute keine Kinder haben wollen.

„Wir können es nicht erschwingen", ist die zumeist gehörte, aber verächtlich selbstsüchtige Entschuldigung. Ich sagte oben, daß jeder Mann es sich erlauben könne, zu heiraten — wenn er die rechte Frau findet.

Nun muß ich hinzufügen, daß jeder Mann, der eine Frau erhalten, auch ein Kind erhalten kann. Leute, die zu egoistisch sind, um für zwei Kinder den Unterhalt zu erübrigen (oder wenigstens für eines, wie traurig es auch für das Kleine ist, weder Bruder noch Schwester zu haben), sollten überhaupt nicht heiraten. Manche Leute sagen, daß sie auch ohne Kinder ganz glücklich sind. Sehr viele Frauen verzichten vorsätzlich auf ihre Mutterschaftschancen, weil sie ihre Vergnügungen unterbrechen, die Jagdsaison verderben, und ihrer Reiselust oder ihren Spielpassionen in die Quere kommen würden. Vielleicht werden sie dereinst einsehen, daß sie ihren Passionen zuliebe einen zu hohen Preis gezahlt haben. Andere können Kinder wirklich nicht leiden und wüßten nicht, was sie mit ihnen anfangen sollten, wenn sie welche hätten. Solche Leute sollten füglich keine Kinder haben; man merkt es den armen Kleinen immer an, wenn sie unwillkommen waren.

Auch „Schwächlichkeit" führen nervöse Frauen als Entschuldigung an, die nicht im geringsten zu schwach sind, zu gebären. Bei wirklicher Kränklichkeit oder einer konstitutionellen Schwäche oder A-nomalie ist diese Entschuldigung nur sehr angebracht. Eine sichtlich gesunde Frau sagte mir einmal ganz im Ernst, daß sie gerne ein Kind haben möchte, nur habe sie oft im Winter einen so bösen Husten und möchte nicht riskieren, ihn zu „vererben". Ihre Lungen waren vollkommen gesund, und es belästigte sie nur ein zeitweiser Husten. Bei derselben Gelegenheit bemerkte eine andere anwesende Dame, daß sie auch gerne ein Kind haben möchte, nur „wäre nicht genug Platz in unserer Wohnung und sie ist so passend, wir möchten nicht gerne ausziehen".

Meinem durch diese Bemerkungen erzeugten Gemütszustand hätte ich nur dadurch Ausdruck verleihen können, daß ich diese beiden Damen zu Boden geworfen und mit Füßen getreten hätte, und da diese Aufführung bei unserer Gastgeberin keinen Anklang gefunden hätte, so mußte ich mich damit begnügen, bloß recht grob gegen die beiden zu sein.

Ich glaube, all das wurzelt darin, daß der mütterliche Instinkt nicht so allgemein wie früher ist. Die Gründe davon nachzuweisen, bin ich nicht klug genug. Viel mag der größeren Befreiung der Frauen, der Erweiterung ihres Lebens und ihrer ehrgeizigen Bestrebungen, den neuen Beschäftigungen, den neuen Interessen zugeschrieben werden, welche die weibliche Existenz so umgewandelt haben. Die Mutterschaft und die schmerzhaften und belästigenden Vorgänge ihrer Erfüllung wirken störend auf all das ein. Der Instinkt der Mutterschaft ist gewiß der Majorität noch angeboren; wenn die Kleinen, oft unwillkommen, das Licht der Welt erblicken, macht sich der Instinkt in der Regel wieder geltend; aber gewiß ist es bei der heutigen Durchschnittsfrau nicht allgemein, daß er sich vor der Ehe oder der auftretenden Mutterschaft in ihr regt, und ich bin überzeugt, daß die Zahl der Frauen, die gleich der weiblichen Biene dieses Instinktes ermangeln, jährlich wächst. Es ist mir oft vorgekommen, daß die Männer größere Liebe zu Kindern haben als die Frauen. In meinem eigenen Kreise kenne ich keinen Mann, der Kinder nicht gern hat, während ich viele Frauen kenne, die Kinder direkt nicht leiden können und viele andere, die nur die eigenen erdulden, weil sie es eben müssen. Ich habe auch beobachtet, daß ganz zärtliche Mütter alle anderen Kinder nicht ausstehen können, während Männer, wenn sie überhaupt Kinder gern haben, jedem Kind gewogen sind. Man beobachte nur einmal, wie Männer im Eisenbahnkupee ein gar nicht besonders reizendes Kind beachten, während die anwesenden Frauen ganz gleichgültig bleiben. Eine Dame, die viele Jahre eine Mädchenschule hatte, erzählte mir neulich, daß ihrer Ansicht nach das Wesen der Mädchen sich ändert und die Vorliebe für Puppen und kleine Kinder sichtlich in Abnahme begriffen ist. Kann man das verallgemeinern? Und wäre es möglich, daß die höhere Frauenbildung solche bedenkliche Kehrseiten hätte?

Zum Glück für die Ehre und die Ideale unseres Landes ist das Nachwuchs liebende Element noch in überwältigender Majorität und viele Leute, die sich aus verschiedenen Gründen gerade keine Kinder wünschen, bewillkommnen den Storch recht herzlich, wenn er sie mit seinem Besuche beehrt. Nach Jahren werden sie einem dann sagen, daß sie sich gar nicht vorstellen können, wie das Leben ohne das Getrippel kleiner Füßchen im Hause, das Geplapper der süßen Stimmchen und die zarten Kindergesichtchen gewesen wäre.

II. Das Für und Wider des beschränkten Nachwuchses

> *„Das Kind — des Himmels Gabe."*
>
> Tennyson.

Obgleich ich es bei legitim Verheirateten für den größtmöglichen Mißgriff halte, aus irgend welchen anderen Gründen als geistiger oder körperlicher Degeneration absichtlich kinderlos zu bleiben, bin ich andererseits entschieden gegen die Lutheranische Doktrin von der unbeschränkten Vermehrung. Die Zeiten haben sich seit Luthers Tagen geändert, und im 20. Jahrhundert sind kleine Familien — außer bei den sehr Wohlhabenden — direkt notwendig. Wo das Geld keine Rolle spielt und die Eltern durch und durch gesund sind, mag der Luxus einer zahlreichen Familie gestattet sein. Und es ist ein Luxus, mögen die Zyniker spotten, soviel sie wollen. Wir modernen Eltern mit unseren zwei oder drei Kindern oder unserem einzigen Nesthäkchen, das aus den Augen zu verlieren wir uns kaum trauen, weil es unseren einzigen Schöpfungsversuch verkörpert — wir vermissen viel von dem echten häuslichen Frohsinn, den unsere Mütter und Väter mit dreizehn bis vierzehn lustigen Buben und Mädeln gekannt haben müssen. Unsere Kinder können nicht einmal eine Partie Tennis stellen, ohne sich eins oder mehrere von einer anderen Familie auszuborgen. So manches von der Angst und Qual, die wir unserer spärlichen Nachkommenschaft halber erleiden, war zu jenen Zeiten unbekannt, wo der Kindersegen reichlich war und die Nachkommenschaft selbstverständlich eine zweiziffrige Zahl erreichte.

Heutzutage sind diese Freuden der Luxus der Wohlhabenden, die sich jedoch selten dieses besondere Vorrecht der Reichen zunutze machen. Wo die Bedürfnisse des täglichen Lebens mit jedem Jahr im Preise steigen, eine ständige Panik auf dem Geldmarkt herrscht, und der Konkurrenzkampf beängstigende Formen annimmt, ist eine kleine Familie von zwei bis drei Kindern alles, was der Mann mit mittlerem Einkommen sich erlauben kann. Vier ist schon eine Ausnahmezahl, aber sie ist einige Opfer wert. Professor E. A. Roß hat kürzlich in „The American Journal of Sociology" konstatiert, daß, obgleich „die Beschränkung des Nachwuchses die Ausbreitung wirtschaftlichen Wohlstandes zur Folge hat, die Kindersterblichkeit herabsetzt, die Übervölkerung verhindert, welche die Hauptursache von Krieg, Massenarmut, dem Konkurrenzkampf bis aufs Messer und dem Klassenstreite ist, ihr dennoch beunruhigende Wirkungen anhaften, und in Ein- oder Zweikinderfamilien den Eltern sowie den Kindern viele der besten Lehren des Lebens abgehen; der zum Vorbild zu erhebende Typus ist nicht die Familie mit ein bis drei, sondern mit vier bis sechs Kindern." Auch der deutsche Gelehrte Möbius hat der Ansicht Ausdruck gegeben, daß die allgemeine Einführung des Zweikindersystems zur Degeneration der Rasse führen würde.

Ob aber die Kinderzahl eins oder sechs ist, das ist dem Jesuitenpater Bernard Vaughan ganz gleich, der in seinem heftigen Angriff auf die modernen Eltern keinen Unterschied kennt zwischen dem reichen Mann, der nur ein Kind, und dem schwer arbeitenden Gewerbsmann, der mehrere hat. Den Familiennachwuchs überhaupt zu beschränken ist in seinen Augen eine abscheuliche und verwerfliche Sünde, „ein gemeiner Kniff", und die Leute, die es tun, sind „Verräter an der hochwichtigen Formel im geheiligten Ehevertrag, zu dem sie Gott als Zeugen anriefen und den sie zu halten versprachen." Das letztere ist kaum logisch — niemand von uns ist verantwortlich für den Wortlaut des Ehezeremoniells, und wir können ja nicht das Hersagen der barbarischen Formel mit der Erklärung unterbrechen, daß unserem Wunsche nach Vermehrung Grenzen gesteckt sind.

Der Pater Vaughan sagt auch, daß diese Abneigung gegen die Fortpflanzung „das Erlöschen der christlichen Sittlichkeit" bedeutet und „Trotz gegen Gott" darstellt. Es ist mir nicht klar, warum ein ehrsames Paar aus dem Mittelstande, das zu dem Schluß gekommen ist, bei einem Einkommen von — sagen wir — 300 Pfund im Jahre drei Kinder für angezeigter zu halten als zwölf oder vierzehn, wegen dieses Beweises von Klugheit und Selbstbeherrschung des „Trotzes gegen Gott" geziehen werden sollte. Herrscht die Vorstellung, daß die Kinder uns nur geschenkt werden, wenn der Allmächtige sie uns zu schenken wünscht und ist es deshalb gottlos, die Zahl zu regeln? Geradesogut könnte man ein junges Mädchen, das einige Heiratsanträge ausschlägt, beschuldigen, „Gott zu trotzen", da ER sie offenbar zu verheiraten wünscht. Körperkrankheiten und Unfälle kommen mutmaßlich von derselben göttlichen Instanz, und doch hält es niemand für eine Sünde, gegen dieselben durch Mittel zu kämpfen, die die Wissenschaft für solche Zwecke in Bereitschaft hält. Warum macht man uns mit den Mitteln zur Beschränkung des Nachwuchses bekannt, wenn wir sie bei bedrohlicher Übervölkerung nicht anwenden sollen? Die Lehre vom „Freien Willen" wird geradezu zur Posse, wenn der Pater Vaughan recht hat. Wenn er seine Bemerkungen auf jene beschränken würde, die vorsätzlich gar keine Kinder haben wollen, dann hätte er viele Anhänger gefunden, aber er wird durch die Übertriebenheit seiner Anklagen unserer Sympathie verlustig. Sogar das Bestreben, die Geburten nicht zu rasch aufeinanderfolgen zu lassen, was für die Gesundheit der Mutter von solcher Wichtigkeit ist, brandmarkt er als unmoralisch. Er scheint es angemessen zu finden, wenn eine Frau ungefähr alle elf Monate ein Kleines bekommt, ungeachtet des beschränkten Einkommens des Mannes, bis sie ein kränkelndes, gebrochenes Wesen wird oder infolge der zu vielen Geburten stirbt und eine mutterlose Kinderschar zurückläßt. Seine Bemerkungen richten sich natürlich hauptsächlich an die „vornehme Welt", aber da der Pater Vaughan Mittellosigkeit nicht als Entschuldigung für eine „vorsätzliche Regulierung des Nachwuchses" gelten läßt, muß seine Kritik auf alle Gesellschaftsklassen bezogen werden. Man wäre versucht, mit einer Person aus „The Merry-Go-Round" auszurufen: „In dieser Welt sind's die Braven, die alles Unglück anrichten!"

Im Jahre 1872 erschien, noch bevor die Geburtsziffer merklich zu sinken begann, ein Artikel von Montagu Crackenthorpe in der „Fortnightly Review", der behauptete, daß kleine Familien eher ein Zeichen des

Fortschrittes als des Rückschrittes seien. Dieser Artikel erschien kürzlich in einem Buche „Bevölkerung und Fortschritt" wieder. Über dieses Thema gibt es eine Menge anderer Bücher, und auf sie muß ich jene meiner Leser verweisen, die ausgebreitetere Kenntnisse über diesen höchst wichtigen Gegenstand zu erwerben wünschen. Der Raum hier gestattet mir leider keine erschöpfende Behandlung desselben. Die Sache wird von den meisten von einem engen, persönlichen Standpunkt aus betrachtet; denn man kann unmöglich von Leuten, die im Daseinskampfe stecken, erwarten, daß sie „imperalistisch" denken und die Bedürfnisse des „Imperiums" über die Beschränkungen ihres Einkommens setzen. Vom volkswirtschaftlichen Standpunkt aus wurde die Frage von dem Meister der Nationalökonomie, Sidney Webb, in einer Broschüre unter dem Titel „Das Sinken der Geburtsziffer" (im Verlage der Fabian Society) erschöpfend behandelt.

Ich wollte, ich könnte die Leute davon überzeugen, was für ein Unrecht es ist, nur ein Kind zu haben. Der Verlust für die Eltern ist schwer und für das Kind unberechenbar. Alle Eltern, die in dieser Lage waren, kennen die Nachteile bei der ersten Erziehung, „wenn niemand da ist, mit dem man spielen kann" und niemand, der das Spiel wieder aufgibt und das Kind sich selbst überläßt, — vielleicht die wichtigsten Lehren, die das Leben uns erteilt. Zwei oder mehrere Kinder, die zusammen aufwachsen, sind noch einmal so leicht zu lenken und zu unterrichten als eines allein und in jeder Hinsicht unvergleichlich glücklicher. Später füllen Schulkameraden bis zu einem gewissen Grade die Lücke aus, aber das einzige Kind ist ebenso wie seine Eltern noch immer zu bedauern. Alle Hoffnungen der Eltern konzentrieren sich auf das eine Kind,

und da die Umstände fast unausweichlich dazu bei-
tragen, es zu verderben, werden ihre Hoffnungen
mehr oder weniger getäuscht. Zu spät sehen dann die
Eltern ein, daß sie einen Fehler begangen haben.

Ich war vor kurzem in einer Kindergesellschaft, wo
solche „einzige Hoffnungen" in der Majorität waren.
Ein herziges kleines Familientrio, aus einem Knaben
und zwei winzigen Mädchen bestehend, wurde viel
bewundert, und die Mutter geradezu beneidet. Mehrere der anwesenden Mütter meinten, sie hätten sich
oft für John oder Tommy ein Brüderchen oder
Schwesterchen gewünscht; da wenige der betreffenden Kinder älter als fünf Jahre waren, schien die
Schwierigkeit nicht unüberwindlich zu sein. Aber es
herrschte nur e i n e Meinung unter den Damen: daß
es zu spät sei, „wieder mit der Kleinkinderstube zu
beginnen". „Es täte nur gut, wenn beide zusammen
aufwachsen könnten; fünf Jahre sei ein zu großer Al-
tersunterschied" und so weiter. Gewiß werden sie
dereinst ihre Zaghaftigkeit bitter bereuen, wie es bei
vielen Frauen aus meiner persönlichen Bekanntschaft
der Fall war. — John oder Tommy können ihnen genommen werden, oder, was schlimmer ist, sie können
lieblos und ungehorsam werden, und in jener traurigen Zeit werden sie kein anderes Kind als tröstenden
Ersatz haben.

Wenn die seichten Verfasser jener endlosen Zeitungs-
artikel über die Degeneration der modernen Frauen
ihre Sache wirklich gut machen wollen, dann sollten
sie ihre törichten Klagen aufgeben über die Unfähigkeit der Frauen, das Spinnrad zu drehen oder Früchte
einzulegen oder zu anderen, durch den maschinellen
Fortschritt unnötig gewordenen Leistungen. Statt des-

sen sollten sie ihre auf den Beweis der Degeneration zielende Aufmerksamkeit lieber auf die seltsame Hilflosigkeit lenken, die den Frauen des Mittelstandes bei Aufziehung ihrer Kinder eigen ist, und auf ihr Grauen vor Komplikationen in der Kleinkinderstube. Ich kenne so manche Frau, deren finanzielle Begabung und organisatorische Fähigkeit ans Geniale grenzt, die gewiß nicht in Verlegenheit wäre, mit einem Einbrecher zu verhandeln, jedoch unter keiner Bedingung den Schrecken einer längeren Eisenbahnfahrt mit ihrem zwei Jahre alten Kinde trotzen würde, während die Tatsache, das Kleine einmal während der Abwesenheit der Kinderfrau nachts übernehmen zu müssen, ein nervenerschütterndes Experiment bedeutet, das zumindest einen Tag vollständiger Bettruhe nötig macht.

„Mit der Kleinkinderstube und ihrem vielverzweigten Apparat wieder zu beginnen", wenn das „Einzige" über das Zahnen hinaus ist, gehen, allein essen kann und umgänglich ist, das ist eine Sache, vor der die modernen Mütter zu verzagen scheinen. Um dem abzuhelfen, sollte man die Zahl der kleinen Stubenbewohner vermehren, ehe Nr. 1 der Kinderstube entwachsen ist, so daß dieselbe um viele Jahre länger belebt ist, als es heutzutage modern, jedoch durchaus nicht eine unbegrenzte Zeit lang, wie es der Pater Vaughan und andere im Zölibat lebende, der Kleinkinderstube und ihrer Forderungen total unkundige Priester lehren!

III. Die Elternschaft — die höchste Bestimmung

„O seliger Gatte! Seliges Weib!
Der köstlichste Segen, den der Himmel gewährt,
Das lieblichste Kleinod aus des Lenzes Kranz,
Wird eurem Lebenspfad beschert!"

Gerald Massey.

Man wird mir vielleicht vorwerfen, daß ich das Ehe-thema zu oberflächlich behandle. Die meisten Ab-handlungen, die ich gelesen habe, haben in entgegen-gesetzter Richtung gefehlt und den Gegenstand von einem ermüdend transzendentalen Gesichtspunkt aus erörtert. Ich habe absichtlich versucht, über Wirklich-keiten, Tatsachen, über die Ehe, wie sie in der alltäg-lichen Welt wirklich ist — das heißt, wie sie mir wirk-lich erscheint — zu sprechen, und nicht, wie sie in einer erhabenen idealen Welt edler Seelen sein mag.

Der Ehe — wie sie von der großen Majorität durchge-führt wird — scheint meiner Ansicht nach wirklich nicht viel Heiliges innezuwohnen. Was ist an zwei menschlichen Wesen Heiliges, die sich aus rein sozia-len oder häuslichen Rücksichten, welche oft von stark kommerziellen Beweggründen durchsetzt sind, dahin einigen, zu eigenem Behagen miteinander zu leben? Gewiß liegt in jeder Liebe eine gewisse Heiligkeit, aber unter den verschiedenen Spielarten menschlicher Liebe scheint die Geschlechtsliebe am wenigsten Hei-ligkeit an sich zu haben. Die Familienliebe, bei der die Bande des Blutes bestehen, die Liebe zwischen Freun-den — die reinste von allen Neigungen — sind oft im

Kerne heiliger als die sogenannte „heilige Gattenlie-
be."

Die Ehe, die bloße soziale und physische Verbindung
von Mann und Weib, a b g e s e h e n v o n d e r
E l t e r n s c h a f t, ist einfach eine Gemeinschaft —
aus der, ich gebe es zu, eine ungeheure Steigerung an
Glücksmöglichkeiten für die beiden Teilhaber ersteht
— im großen und ganzen ein ausgezeichneter Kontrakt, aber alles in allem ein bloß weltlicher Kontrakt.
Aber wenn die Kinder kommen, wenn das göttliche
und herrliche Wunder vollbracht ist, dann ist die Ehe
wohl auf einen ganz anderen Grund gestellt, und ich
streife gerne die Schuhe von den Füßen, wenn ich
ihren Bereich betrete, denn es ist heilig.

Bei der Geburt eines Kindes erhält die Ehe, der es ent-
sprossen, eine unsterbliche Bedeutung. Die Verbindung, die früher nur für die beiden Beteiligten von
Wichtigkeit war, ist jetzt von Bedeutung für den Staat
und die Nachwelt, und daher fällt den Eltern eine
wirklich schreckliche Verantwortung zu. Von dem
Physischen, dem Charakter, der Intelligenz jedes Kindes kann das Schicksal zukünftiger Generationen
abhängen. Wenn wir unser Kind nicht ordentlich ernähren, kann es rhachitisch werden, und eine künftige
Generation kann durch unsere Sorglosigkeit verkrüp-
pelt sein. Wenn wir ihm die Pflicht der Selbstbeherrschung nicht gründlich einprägen, kann es ein Trunkenbold oder ein Wüstling werden, und der Fluch
von tausend daraus entstehenden Übeln kann auf
unseren Enkeln lasten. „Vor der Verantwortung, das
Dasein einer Rasse mit all ihren unermeßlichen Möglichkeiten an Sünden und Leiden fortzupflanzen, mögen wohl die Kühnsten zurückweichen. Aber das

einzige tatsächliche Mittel, das Los der Menschen zu verbessern, ist, eine neue Generation von besserer Beschaffenheit aufzuziehen. Denn die Umgehung der Elternschaft zu erwägen, hieße die Zukunft der Brut unüberlegten Sinnenfrönens überlassen. Auf dem großen Schlachtfeld der Welt gibt es keine höhere Pflicht, als die Reihen derer, die für das Licht kämpfen, wohl besetzt zu erhalten. Nicht zum Feiern sind unsere Nachkommen berufen, nein, zu einem langen, schweren Kampf, der mit dem unvermeidlichen Tod endet." (W. T. Stead, Review of Reviews, January 1908.)

Es ist sehr richtig behauptet worden, daß die Kinder der Wohlstand der Nationen sind: wenn wir unsere Elternschaft wirklich sehr ernst nehmen würden — viel, viel ernster als es jetzt der Fall ist —, dann würde sie gewiß den stärksten Schutz gegen den sittlichen und physischen Verfall bieten, von dem wir so oft hören. Ich möchte die Elternschaft zur Würde eines hohen geistigen Ideals erhoben sehen. Nicht, daß ich der übertriebenen Verhimmlung der bloßen Fortpflanzung das Wort rede, obgleich es eine köstliche Sache ist, schöne und gesunde Kinder in die Welt zu setzen, eine Sache, auf die Männer und Frauen sehr stolz sein sollten, aber: „eine unsterbliche Seele ins Leben zu rufen — was kann sich damit vergleichen?" Den neugeborenen Geist der Sonne entgegenwachsen zu lassen, die edleren Möglichkeiten des vielfältigen menschlichen Organismus durch stetes Bemühen zur Entwicklung zu bringen und aus ihm „einen aufrechten, himmelstürmenden Redner" zu machen —, welch besseres Lebenswerk kann ein Mann oder eine Frau zu vollenden hoffen, welch größeres Denkmal hinterlassen?

Würde die Elternschaft ein hohes Ideal werden, dann würde nach einiger Zeit die öffentliche Meinung — jene mächtige Waffe — so stark werden, daß eine unwürdige Elternschaft von allen anständigen Leuten mißliebig aufgenommen würde. Die Untauglichen dürften es nicht wagen, das Verbrechen der Fortpflanzung ihrer Gattung zu begehen und der dieser Sünde gegen die Gemeinschaft anhaftende Makel würde vielleicht sogar dem Makel gleichkommen, der heutzutage dem schrecklichen Verbrechen des Falschspiels anhaftet! — Erfüllt von dem Ideal edler Elternschaft, würden die jungen Mädchen bei ihren Bewerbern auf das väterliche Gemüt sehen, die Männer würden bei den Mädchen, die sie freien, die schönen, mütterlichen Eigenschaften suchen, und die materiellen Erwägungen, die jetzt beide Teile so sehr beeinflussen, würden immer weniger ausschlaggebend sein. Hundertfach würde das Eheband befestigt werden. Die Untreue wäre seltener, denn die Gatten, die mit Kindern gesegnet sind, würden fühlen, daß ihrer Verbindung die Weihe verliehen wurde und sie wahrhaft unlöslich geworden ist. Vater und Mutter, die sich zum erstenmal über dem kleinen Körper ihres ersten Kindes küssen, könnten diesen unbeschreiblichen Augenblick nie vergessen. Der Mann und die Frau, denen ein Kindlein zusammengehörte, die es sprechen und spielen gelehrt und seine ersten strauchelnden Schritte gelenkt haben, könnten nie leichthin die Schwüre außer acht lassen, die sie aneinander banden. Die sanften kleinen Kinderhände sind dazu geschaffen worden, die Herzen von Mann und Frau aneinander zu schmieden, und sie erfüllen wunderbar ihre Sendung!

„Erst wenn wir Väter und Mütter werden, vollbringen wir all das, was unsere Väter und Mütter für uns getan haben" — und welche Offenbarung ist es! Welch neuer Himmel, welch neue Erde werden uns durch den Zauber erschlossen, den die Gegenwart eines kleinen Kindes in unserem Hause ausübt — des kleinen Körpers, der geheimnisvoll nach unserem Ebenbilde geschaffen, der kleinen Seele, die unserer Fürsorge anheimgegeben wurde!

Wärs nicht der Kinder wegen, die Ehe wäre wirklich ein allgemeiner Mißgriff. In ihrem Interesse ist sie geschaffen worden, und sie nur machen sie möglich. Kinder machen eine glückliche Ehe vollkommen und eine gleichgültige glücklich. Sehr oft gestalten sie eine recht verfahrene Ehe zu einer wenigstens erträglichen Gemeinschaft. Wenn eine kinderlose Ehe glücklich ist, — wirklich glücklich, dann ists gewöhnlich, weil Mann und Frau einander besonders zugetan oder Leute von ungewöhnlichem Charakter sind.

Man kennt seltene Beispiele, wo die Gatten sich eben deshalb fester und liebevoller aneinanderschlossen, weil sie keinen anderen Gegenstand hatten, auf den sich ihre Neigung erstrecken konnte. Die Frau, die weniger Sorgen hat und die die Geliebte nicht in der Mutter aufgehen lassen muß, bleibt in den Augen des Mannes jugendlicher, als es sonst möglich wäre, während sie an den Mann ebenso ihre mütterliche als ihre weibliche Hingabe, verschwendet und er ihr Gatte und Kind zugleich ist. In einer solchen Ehe kann man etwas Heiliges sehen, obzwar sie keine Kinder hervorgebracht hat; ein solches Paar scheint die Kleinen, die nie kommen, nicht zu vermissen. Dasselbe findet sich manchmal bei Künstlern, deren ganze Interessen und schöpferische Energien in ihrem Werke aufgehen.

Von ganzem Herzen verachte ich jene verheirateten Leute, die, in vollem Besitz von Gesundheit und Kraft, vorsätzlich kinderlos bleiben. Von ganzem Herzen bedauere ich die Ledigen und Jene, denen Kinder versagt sind. Jedoch haben sie Entschädigungen; wenn ihnen die Wonne entgeht, so bleiben ihnen auch die endlosen Sorgen, die zahllosen Kümmernisse, die ständige Selbstaufopferung, die oft bitteren Enttäuschungen erspart. Die Kinder machen einem gar manche andere Schmerzen als die der Geburt. Tennyson sagt: „Das traurigste Wesen auf der Welt ist jene Mutter, die ein Kind hat und es vom Pfade abirren sieht!" Und doch sind durch geheimnisvolles Naturwalten die Saiten des Mutterherzens oft für die Kinder, die irren, am zärtlichsten gestimmt. Zu den schönsten Versen, die je geschrieben wurden, gehören meiner Ansicht nach jene in Stephen Philips „Marpessa": als die junge Marpessa den Gott ihres geringen sterblichen Liebhabers halber verschmäht, sagt sie von diesem:

„Und er wird warmfühlende Kinder mir schenken,

Keinen strahlenden Gott, der die irdische Mutter verachtet,

Nein, Wesen mit zappelnden Gliedern und kleinen Herzen, die irren!"

Aber die „zappelnden Glieder" werden bald so groß, daß man sie nicht wieder erkennt; die kleinen Herzen werden klug und weltlich und irren auf weniger erwünschte Weise — unsere warmfühlenden Kinder entwachsen uns heutzutage schnell. Das ist die wahre Tragödie der Mutterschaft — d a ß   d i e   K i n d e r   i h r   e n t w a c h s e n .

FÜNFTER TEIL

WIE MAN, OBGLEICH VERHEIRATET, GLÜCKLICH WER- DEN KANN

„Um glücklich miteinander zu leben, sollten sie mit den Feinheiten des Seelenlebens vertraut und mit der Fähigkeit geboren sein, nachzugeben und sich auszugleichen."

„Die Güte in der Ehe ist ein verwickelteres Problem als die bloße Tugend, denn es sollen in der Ehe ja zwei Ideale ver- wirklicht werden."

R. L. Stevenson.

I.   Einige Reformvorschläge

Im Laufe der letzten 25 Jahre sind die ärgsten Unge- rechtigkeiten unseres Ehegesetzes richtig gestellt wor- den, und im Vergleich zu ihnen erscheinen die noch bleibenden Übelstände verhältnismäßig gering. Es ist in der heutigen Zeit der fortgeschrittenen Frauen kaum zu glauben, daß sich vor einigen Jahren ein Mann noch das Besitztum des Weibes aneignen und es nach Belieben ausgeben konnte oder, was noch ungeheuerlicher ist, einen Fremden als einzigen Vor- mund seiner Kinder nach seinem Tode bestellen durf- te, ohne auf die natürlichen Rechte der Mutter auch nur zu achten.

Die schwerste noch bestehende Ungerechtigkeit ist, daß die Erleichterung durch die Scheidung den Män- nern zugänglicher ist als den Frauen. Dieses Gesetz wurde von den Männern zu ihren eigenen Gunsten abgefaßt, aber seine Existenz ist ein Schandfleck auf der Ehre der englischen Justiz und der englischen

Sittlichkeit, ebenso wie der Umstand, daß die Untreue eines Gatten so leicht genommen wird. Wir wollen hoffen, daß die Zeit nicht mehr fern ist, wo die Scheidungsbedingungen für beide Parteien genau dieselben sein werden.

Es wird heutzutage fast allgemein die Ansicht gehegt, daß die Lösung der Ehe nur erreicht werden soll, wenn einer der beiden Teile ein ausgesprochener Trunkenbold, mondsüchtig oder ein zu langer Kerkerstrafe Verurteilter ist. Wie erniedrigend ist es für die besten Instinkte unseres Geschlechtes, daß die Frau eine Ungültigkeitserklärung der Ehe dadurch erhalten kann, daß sie eine gewisse physische Unfähigkeit des Mannes beweist, die in keiner Weise ihr Glück, ihre Gesundheit oder ihre Selbstachtung beeinträchtigt, aber auch nicht einmal die teilweise Erleichterung der Trennung erreichen kann, wenn ihr Mann ein Trunkenbold, ein Ehebrecher oder ein Verbrecher ist, solange sie nicht noch dazu seine Grausamkeit oder sein böswilliges Verlassen beweisen kann! Es ist ferner eine Ungerechtigkeit, daß die Scheidung so kostspielig ist, daß nur reiche Leute oder die ganz armen (durch Beibringung eines Armutszeugnisses) sich sie gestatten können.

Vielleicht die nötigste aller Reformen ist, daß die Ehe der geistig und physisch Ungeeigneten gesetzlich verhindert werde, oder vielmehr, daß sie verhindert werden, Kinder zu haben, was ja die Hauptsache ist. Es wäre ganz gut durchführbar, die Kinderlosigkeit der Ungeeigneten zu sichern, obgleich ein Gesetz hierüber die taktvollste Handhabung erfordern würde, und man sich kaum ein Parlament von Männern denken kann, das es mit irgendeinem Erfolg durcharbeiten könnte. Vielleicht wird das Gesetz dann durchgehen, wenn wir die „ideale Regierung" haben, in der beide Geschlechter und alle Klassen vertreten sein werden. Ein von einem in Staatsdiensten stehenden Arzt unterzeichnetes Zertifikat sollte jedenfalls obligatorisch sein, bevor eine Heirat bestätigt wird. Wenn der Krebs, die Tuberkulose, der Wahnsinn und alle mit dem Alkoholismus und dem ausschweifenden Leben verbundenen Übel jede Familie im Land infiziert haben werden, dann werden unsere weitsichtigen Gesetzgeber die Notwendigkeit einer derartigen Einschränkung einzusehen beginnen. Gegenwärtig wird die Freiheit des Individuums als ein für die Rasse zu schwer wiegender Wert bewahrt.

Eine andere äußerst nötige Reform ist, daß die unehelich geborenen Kinder durch die nachträgliche Heirat der Eltern, so wie in vielen anderen Ländern, legitimiert werden sollen. Das würde niemandem schaden, könnte auch nicht das Laster ermutigen und würde sehr viel bitteres Unrecht gut machen. Die gegenwärtige Regelung ist äußerst unvernünftig.

England ist beinahe das einzige europäische Land, wo es nicht angestrebt wird, den Töchtern eine Mitgift zu geben, außer in den wohlhabenden Klassen. Ganz bemittelte Engländer halten es für unnötig, ihren Töchtern zu Lebzeiten irgend etwas zu geben, obgleich sie geneigt sind, sich ernste Einschränkungen aufzuerlegen, um ihre Söhne im Leben gut zu stellen. Die englischen Väter geben alles ihren Söhnen, in vielen Ländern des Kontinents kommen die Töchter dem Rechte nach zuerst und in allen Klassen, den reichen und den armen, trachten die Eltern auf irgendeine Weise für eine Mitgift zu sorgen, indem sie vom Tage der Geburt des Kindes an zu sparen beginnen.

Ich bin überzeugt, daß ein ungeheuerer Anstoß zur Ehe gegeben würde, wenn die Mitgift für die Töchter in England üblich würde und viele Mißhelligkeiten zwischen Mann und Frau könnten vermieden werden, wenn die Frau eigene, wenn auch noch so geringe Mittel hätte. Es ist gewiß äußerst demütigend und unangenehm für eine bessere Frau, von ihrem Mann wegen jeder Omnibusfahrt und jedes Päckchens Haarnadeln abzuhängen.

Die Engländer sind jedoch darnach, sich mit ihren Fehlern zu brüsten und überdies so heillos sentimental, daß sie sich's als Ehre anrechnen, in dieser Hinsicht eine Ausnahme von allen Ländern zu bilden, und noch damit prahlen, daß bei ihnen die Ehen nur aus Liebe geschlossen werden. Demselben unsinnigen und unfürsorglichen Geist entspringt die übliche Abneigung, den Töchtern etwas zu vermachen. Nur bei einem sehr reichen Mann erwartet man das, während es doch nur gerecht ist, daß jeder Mann seiner Frau etwas vermacht, wenn auch nur die Einrichtung oder die Versicherungspolice.

Ein Kapitel über die Ehereformen wäre nicht vollständig ohne Hinweis auf unsere barbarische kirchliche Ehezeremonie. Nützt es noch etwas, darüber Klage zu führen? Seit ich lesen kann, lese ich Angriffe darauf. Es ist klar, daß niemand ein Wort zu ihrer Verteidigung hat, nicht einmal die Priester, und doch bleibt sie genau so, wie sie zu Zeiten James I. vorgeschrieben wurde. Wenn je eine von den Männern verfaßte religiöse Formel einer Revision bedurfte, um mit den Gedanken der Zeit gleichen Schritt zu halten, so ist es diese. Wie kann die Kirche erwarten, daß wir die Ehe als ein Sakrament betrachten, wenn ihre Bedingungen in so roher Sprache und von einem so falschen Gesichtspunkte aus bezeichnet werden. Ist es nicht falsch, jene Personen zu verherrlichen, die die „Gabe der Enthaltsamkeit" haben, eine „Gabe", die bald zum Aussterben des Menschengeschlechtes führen würde, wenn sie der Majorität eigen wäre? Diese spezielle Formel ist für eine reine, unschuldige Braut eine schmähliche Beleidigung und ganz unnütz. Wenn schon keine andere Verbesserung angebracht wird, so könnte diese einleitende Erklärung der „Gründe für die Einrichtung der Ehe" wohl ausgelassen werden, wenn auch nur der Tatsache halber, daß der Hauptzweck der Ehe, nämlich „gegenseitig Hilfe und Trost zu sein" in ihr an letzter Stelle erscheint. Die Kirche Englands kann von den Quäkern oder der „Neu-Jerusalemer Kirche", einer auf den Schriften des großen Mystikers Emanuel Svedenborg gegründeten religiösen Gemeinschaft, lernen. Bei dem „Freundschaftsbund" ist das Verfahren äußerst einfach. Nachdem eine Zeit in stillem Gebet verbracht wird, erheben sich die Parteien und sagen einer nach dem andern feierlich, indem sie sich bei der Hand halten: „Freunde, ich nehme diese meine Freundin A. B. zum Weibe und verspreche, mit göttlichem Beistand ihr ein liebender und treuer Gatte zu sein, bis es dem Herrn gefallen wird, uns durch den Tod zu trennen." Die Formel der „neuen Kirche" ist länger, aber ebenso schön und einwandfrei.

II. Einige praktische Winke für Ehemänner und -frauen

„Man braucht in der Ehe nicht eine Menge schöner Gefühle, sie nützen nichts.“

W. Sommerset-Maugham.

Der beste Rat, den man einem Paare auf den „langen, geraden und staubigen Weg" der Ehe mitgeben kann, ist: „Gesegnet sind die, die wenig erwarten." Der zweitbeste ist: „Trachtet euer Ideal zu verwirklichen, aber nehmt die Niederlage philosophisch hin". Es ist schwer, mit jemandem zu leben, der eine ideale Vorstellung von uns hat; es ruft in uns den ruchlosen Wunsch wach, so schlecht als möglich zu sein. Miranda sagt mir oft: „Die Ursache, warum Lysander und ich so vollkommen glücklich sind, ist, weil wir uns nie etwas daraus machen, einander unsere schlechtesten Seiten zu zeigen, und auch nie die Notwendigkeit fühlen, uns besser zu machen, als wir sind." Merkt euch das, Braut und Bräutigam! Bedenkt, daß ein Piedestal ein sehr ungemütlicher Aufenthaltsort ist, und weiset eurem Lebensgefährten diesen unbequemen, erhöhten Platz nicht an. Es sind mehr Ehen daran gescheitert, daß man zuviel voneinander erwartet hat, als durch irgend welche Laster oder Verirrungen.

Andererseits muß ich auf die Gefahr hin, trivial zu erscheinen, wiederholen, daß das Wichtigste in der Ehe die gegenseitige Achtung ist. Sie geht über Liebe, Verträglichkeit, ja sogar über den unschätzbaren Sinn für Humor. Die Achtung wird das schwankende Gebäude der Ehe zusammenhalten, wenn die Leidenschaft erloschen und selbst wenn die Liebe dahin ist.

Die Achtung wird sogar die „entsetzliche Intimität"
erträglich machen und über die bedenklichsten Unannehmlichkeiten ohne „Quetschungen der Seele"
hinwegheben, was immer das Herz auch für Ver-
wundungen davontragen mag. Darum, Bräutigam
und Braut, erhaltet die gegenseitige Achtung um jeden Preis, und, Männer und Frauen, heiratet nie jemanden, den ihr nicht wirklich achtet, wenn ihr ihn
auch noch so leidenschaftlich liebt. Ich glaube, man
kann in einer Ehe ohne Liebe recht glücklich sein,
wenn die Glut und Vernarrtheit der ersten Jugend
vorüber ist, aber ohne Achtung kann man nie etwas
anderes als unglücklich werden.

„Es ist immer einer, der liebt, und einer, der geliebt
wird." Wenn ihr findet, daß ihr der eine seid, der
liebt, dann merkt es wohl: e s i s t d e r b e s s e r e
T e i l , besonders für die Frauen. Ermüdet euren Gefährten nicht mit fortwährenden Ansprüchen, Szenen,
Vorwürfen, Tränen, Bitten, es wird euch nichts nützen, und das geliebte Wesen euch nur entfremden,
und da wir gerade bei den Tränen sind, so laßt mich
alle Frauen dringendst davor warnen, dieser natürlichen weiblichen Schwäche zu frönen. Die vernünfti-
gen, nüchternen, überaus kräftigen modernen Mädchen machen sich gewöhnlich darüber lustig; aber in
der Ehe kommen Anlässe zum Weinen, von denen
diese selbstsicheren jungen Mädchen keine Ahnung
haben. Aber die alte Vorstellung, daß Tränen beim
Manne den Sieg davontragen und so oft dazu dienen,
das härtere männliche Herz zu besänftigen, ist ganz
erloschen. Und wenn die Frauen es nur einsehen wollten: die Tränen erzeugen ein Gift, das auf die Liebe
verhängnisvoll irritierend wirkt und sie oft tötet. Nur
im Anfang, wenn der Mann noch ganz jung und auf

der Höhe seiner Glut ist, mögen die Tränen ihn beeinflussen, aber nicht für lange, und sehr selten nach der Verheiratung. Dennoch erreichen sie oft ihren Zweck, da ausnehmend zartbesaitete Männer oft die Tränen so fürchten, daß sie sofort nachgeben, wenn dieses Warnungssignal auf der Bildfläche erscheint. Aber ihre Gereiztheit ist deshalb nicht geringer, und oft können sie die Frau schließlich nicht leiden, die auf ihre Sanftmut gebaut und daraus einen in den Augen des Mannes ungerechten Vorteil gezogen hat. Die Frau, die fortwährend weint, wenn etwas schief geht, flößt niemandem Achtung oder Sympathie ein und treibt ihren Mann dazu, die Gesellschaft anderer Frauen aufzusuchen. Die Männer können es nicht leiden, wenn daheim andere Gesichter als ihr eigenes traurig sind. Wenn sie sehr unglücklich sind, fühlen sie sich berechtigt, sich gehen zu lassen; aber ihre Frauen dürfen das nicht, und wenn sie es tun, darf es gewiß nicht die Form von Tränen annehmen. Der glänzende anonyme Verfasser von „Die Wahrheit über den Mann" schärft den Frauen ein, stets eingedenk zu sein, daß man „den Männern nie widersprechen, nie ihnen Vorwürfe machen und sie nie kritisieren darf". Hierzu möchte ich nachdrücklichst sagen, daß man ihnen auch nie aus irgendeinem Grunde etwas vorweinen soll.

Ist es nötig, für die Aufrechterhaltung der vollkommensten Höflichkeit zwischen Mann und Frau zu plädieren? Im Anfang wohl nicht, aber mit der Zeit wird es notwendig werden. Es kann sogar die Zeit kommen, wo Perseus seine Stimme erhebt und seine Unzufriedenheit mit Persephone hinausposaunt. Ein gewisser Typus von Männern wettert bei Verdruß natürlich nicht seinen Freunden oder Kunden gegenüber, sondern bloß in Anwesenheit seiner Angestellten, seiner Dienerschaft, seiner Frau und der Leute, die sich vor ihm fürchten. Das war eine häßliche Gewohnheit unserer Großväter, und moderne Frauen sind kaum sanft genug, sie lange ruhig hinzunehmen. Sollte sich jedoch Perseus durch eine wunderlich atavistische Laune je in dieser Hinsicht so weit vergessen, dann wird Persephone die biblisch sanfte Antwort wirksamer finden als den lautesten Stimmenwiderhall. Wenn man mit äußerst sanfter Stimme spricht, wird man die Schreier beiderlei Geschlechts immer beschämend zum Schweigen bringen.

Die Höflichkeit zwischen Mann und Frau ist nötiger als in irgendwelchen anderen Beziehungen zwischen den Menschen. Sehr viel Bitterkeit könnte erspart bleiben, wenn man sich stets daran erinnern wollte. Nichts ist peinlicher, als ein Ehepaar miteinander grob verkehren zu sehen, und die Gebote der Höflichkeit würden all jenen Bemerkungen vorbeugen, die in die Kategorie der „besser nicht gesagten" gehören. Besonders die Frauen haben manchmal die sehr tadelnswerte Gewohnheit, ihrem Manne Wahrheiten aus dem häuslichen Leben an den Kopf zu werfen, wenn ihnen der Kamm schwillt, und die meisten Männer sind unter ihrem Schild vornehmer Gleichgültigkeit empfindsam genug, um das sehr übel zu nehmen und an solche stichelnde Worte noch viele Jahre lang zu denken. Die Tatsache, daß diese Worte gewöhnlich äußerst zutreffend sind, macht sie nicht weniger tadelnswert; manche Frauen, die ihren Männern wirklich sehr ergeben sind, setzen sie dennoch zu Hause und vor den Leuten fortwährend herab, und obwohl ein Mann es selten zugeben wird, ärgert ihn das mehr, als so manche des Männerherzens Unkundige für möglich halten. Es ist nämlich Tatsache, daß die Männer Bewunderung und Lob ebenso gerne haben wie die Frauen, obzwar es ein Teil ihres seltsamen Kodex ist, diese Tatsache zu verbergen. Sie nehmen einen Verweis genau so übel wie die Frauen; und warum sollten sie es auch nicht?

Da wir gerade dabei sind, so möchte ich der Persephone zuflüstern, was für eine wunderbar besänftigende Wirkung eine leichte, vernünftige Schmeichelei auf die Männerwelt ausübt und wie lautlos sich durch sie die Räder des Ehekarrens drehen. Ich meine nicht falsche, abgeschmackte Schmeichelei, wie sie uns die Männer so oft vorsetzen, wenn sie uns gefallen wollen, ohne einzusehen, daß die dick aufgetragenen Komplimente eine Beleidigung für unsere Intelligenz sind. Also natürlich nichts von dieser Sorte, aber zarte, feine, liebevolle Schmeichelei. Eine leise bewundernde Haltung, möglichst gemildert für den öffentlichen Gebrauch, die jedoch immer die Wertschätzung durchblicken läßt, wird euch ihm nicht nur viel liebenswerter machen als es irgendwelche Liebesbeteuerungen täten, sondern sie wird auf seinen Geist und sein Gemüt glänzend wirken. Geradeso wie ihr in Gesellschaft von Leuten, die euch bewundern, fühlt, daß ihr blendend seid, und in Gegenwart jener, die euch für gescheit halten, großartig sprecht, wird auch Perseus durch eure (wirkliche oder angebliche) Bewunderung angespornt, sie zu rechtfertigen.

Dasselbe gilt auch von dir, galanter Perseus; ein Kompliment über Persephones strahlende Augen, ein Wort scheuer Bewunderung für ihren neuen Hut, oder des Lobes für ihre Haltung als Hausfrau wird sie nicht nur unsinnig glücklich machen, sondern dein

163

Kapital in der Liebesbank dadurch bedeutend erhöhen, daß du Schätze für dich in Persephones Herz ansammelst.

Um dies zu illustrieren, will ich zwei wirkliche Gespräche erwähnen, die ich vor kurzem hörte. Das erste war zwischen einem jungen Paar Pelleas und Nicolette, die erst kürzlich mit einem kleinen Einkommen den Haushalt begonnen hatten. Sie gaben eine Nachmittagsgesellschaft und alle Gäste waren fort außer mir. (Ich habe nämlich ein Privilegium, wie Sie schon bemerkt haben dürften; niemand geniert sich, vor mir natürlich zu sein.)

Nicolette stieß einen Seufzer der Erleichterung aus, als sich die Haustüre zum letzten Male schloß und wandte sich mit glänzenden Augen zu Pelleas.

„War's nicht sehr s c h ö n ?" sagte sie begeistert.

„Nicht übel", sagte Pelleas.

„Sind die Blumen nicht wunderbar, und habe ich die Zimmer nicht reizend hergerichtet? Findest du nicht, daß alles sehr nett war, Liebster? Ich habe mich so angestrengt", fügte sie, nach einem Wort des Lobes schmachtend, hinzu.

„Pah, nennst d u ein paar Kuchen aufschneiden auch sich anstrengen?" war die Antwort.

Nicolette war zufällig eine taktvolle Frau, die weiß, wann man zu schweigen hat, aber sie sah traurig aus, und ihre ganze Freude an der kleinen Unterhaltung war verdorben. Wie froh wäre sie gewesen, wenn

Pelleas sie geküßt und ihr gesagt hätte, daß sie eine reizende Hausfrau war und alle ihre Anordnungen aufs beste getroffen hatte. Das Ärgerliche daran ist, daß er es wirklich glaubte, er zerplatzte vor Stolz über sein Haus und seine Frau und war geneigt, sich für einen sehr schneidigen Kerl zu halten, da er eine so reizende und gescheite Frau erobert hatte. Aber es lag nicht in seiner Art, es zu sagen.

Der zweite Fall ist der, wo ich Geraint und seine Frau versöhnen mußte. Ich habe den lieben guten Geraint immer recht gern gehabt, und sein schrecklich unglückliches Eheleben war für mich eine Quelle ernster Betrübnis. Bei dieser Gelegenheit sprachen wir uns frei aus, und aus der Tiefe seines kummervollen Herzens brachte er mir Klage um Klage vor.

„Noch ein Beispiel", sagte er schließlich. „Es ist geradezu lächerlich, aber Sie werden nicht über mich lachen, das weiß ich. Es ist ein Unsinn von mir, daß ich daran denke, aber kurz und gut, ich tue es. Sie saß aufrecht im Bett und bürstete ihr Haar, ich kam ins Zimmer, um zu fragen, ob ich ihr etwas aus der Stadt bringen könne; ich trat zufällig vor ihren Toilettetisch und zog meine Kravatte fester zu. Der Spiegel warf unser Bild zurück, und sie sagte plötzlich mit leisem Lachen: „Wie häßlich Du bist . . . ." Das ist alles. Sie sagte es ganz höflich, aber es verletzte mich wahnsinnig. Es war so teuflisch überflüssig. Und ich glaube, es ist auch wahr, früher hatte ich nie daran gedacht, aber seither sehr oft . . ."

Noch ein Beispiel, wie man's nicht machen soll: „Wenn ich schäbig angezogen bin," erzählte mir einmal eine verzweifelnde Frau, „dann sagt er: ‚Warum siehst du nicht fein aus?' Wenn ich elegant bin, sagt er: ‚Schon wieder neue Kleider, ich weiß nicht, wer die zahlen wird!' Wenn etwas Außergewöhnliches zu Tische kommt, sagt er: ‚Diese extravaganten Sachen werden mich zugrunde richten', und wenn das Essen einfach ist, dann fragt er: ‚Ist das alles?'"

Ich habe vorhin auf die Männerklubs als eine Wohltat für die Frauen hingewiesen, und als solche sind sie mir immer erschienen. Aber diese Meinung wird offenbar nicht von allen geteilt, da eine Anzahl Frauen kürzlich im Druck ihre Absicht kundgaben, nach Erlangung des Stimmrechts für die vollkommene Abschaffung oder wenigstens obligatorisch frühe Schließung aller Männerklubs zu agitieren. Es scheint betrübend lächerlich, daß die Frauen durch einen Parlamentsakt ihre Männer zur bestimmten Stunde nach Hause zwingen wollen. Ich will mich bemühen, euch irregeleitete Frauen zu bekehren, falls eine davon sich herablassen sollte, dieses Buch zu lesen.

Meine lieben Frauen, fast alles, was euer Mann zu Hause nicht bekommen kann, kann er im Klub bekommen — je mehr seine Bedürfnisse befriedigt werden, desto vergnügter wird er leben, und euer Familienleben folglich um so glücklicher sein! Wenn die Männer eine Passion haben, so wählen sie gewöhnlich einen damit verbundenen Klub oder einen, wo sie andere, durch ähnliche Dinge gefesselte Männer treffen können, mag es Politik, Sport, Pferde, Karten, Musik, Golfspiel oder Theater sein, — wenn es in ihnen steckt, muß es heraus, und gescheite Frauen lassen es geschehen. Eine unterdrückte Manie bedeutet einen verbitterten Gatten. Im Klub können sie ihr Whist haben oder ihrer Empörung gegen die Regierung freien Lauf lassen, sie können einen halben Sovereign als Spieleinsatz geben und die Aufzeichnungen über die großen Gewinste beim gestrigen Whistspiel, über das letzte Loch beim Golfspiel oder wie sonst der Fachausdruck lautet, vergleichen. Im Klub können sie andere Männer treffen und eine vollkommene Abwechslung von Bureau oder Familienleben haben, und sie kehren daher zur Arbeit und zur Frau erfrischt und angeregt zurück.

Wenn es eurer Köchin auf die ihr eigene rätselhafte Weise gelungen ist, ein Mittagessen zu Hause unratsam oder unmöglich zu machen, dann telephoniert es eurem Herrn und Gebieter, denn kann er im Klub nicht königlich und dabei ökonomisch speisen? Wenn ihr an einem Feiertag fort seid, kann er dasselbe tun und einen angenehmen Abend dort verbringen, anstatt im leeren Hause allein und gelangweilt herumzugehen. Wenn ihr euch Unannehmlichkeiten störender Natur leistet, — wenn ihr dies je tut, — so steht ihm derselbe freundliche Hafen offen, gewiß für euch etwas Tröstlicheres, als wenn er über das Haus schimpft, während die kleine Meinungsverschiedenheit beigelegt werden soll. Kurz und gut, der Segen und die Vorteile eines Klubs für den Ehegatten haben kein Ende und warum ihr, liebe Frauen, sie abschaffen wollt, das kann ich mir wirklich nicht erklären.

Freilich sollte die nötige Mäßigkeit beobachtet werden wie bei allen guten Dingen, und ein- oder zweimal die Woche die Nacht im Klub zu verbringen, sollte genügen. Bei diesen Gelegenheiten kann die Frau ein primitives Abendessen haben, was immer eine Wohltat für die Frau ist, mit einem Buch neben dem Teller, sie kann sich gehen lassen und ihre Köchin ausschicken, oder wenn sie zum rastlosen Typus gehört, kann sie den freien Abend benützen, um ihre Rechnungen und ihre Korrespondenz in Ordnung zu bringen. Ist sie heiterer Natur, so kann sie mit einem schüchternen Verehrer oder auch nur mit einer Freundin ins Theater gehen und nachher soupieren. Man mag über den Klub denken wie man will: wenn ein Mann ihn nicht mißbraucht, so ist er ein reiner Segen fürs Eheleben.

Aber vielleicht ist es das tragische Verhängnis der in Rede stehenden Frauen, daß sie ihren Männern nicht vertrauen können, und mit Recht. Vielleicht lebt in ihrem Herzen das betrübende Bewußtsein, hintergangen zu werden, und sie fürchten, daß der Klub als Vorwand für einen Abend gebraucht wird, dessen Gesellschaft dem weiblichen Standpunkt weniger wünschenswert erscheint. Selbst dann ist der Klub ein Segen; denn wenigstens kann eine Frau hoffen und zu glauben trachten, daß ihr Mann wirklich dort ist, während, wenn er keinen Klub hat, die Durchsichtigkeit seiner abwechselnden Ausreden ihre ärgsten Verdächtigungen bekräftigen muß. Wenn ein Mann entschlossen ist, derartige Dinge zu tun, so kann ihn nichts aufhalten; sollte e i n Vorwand, seine Zeit außer Hause zu verbringen, fehlschlagen, so wird er einen anderen vorbringen, und je weniger Aussicht seine Frau hat, die wirkliche Sachlage zu entdecken, desto besser ist es für ihren Seelenfrieden.

Daß die Unwissenheit ein Segen ist, ist eine tiefe Wahrheit im Eheleben, und die Frauen sollten sich von ihr leiten lassen. Ich glaube, es gibt Frauen, die sich's zur Gewohnheit machen, bei Gelegenheit die Taschen ihrer Ehegatten zu durchsuchen, voraussichtlich in der Erwartung, irgendwelche verräterische

Briefe oder Rechnungen zu finden. Was sie im Falle einer unangenehmen Entdeckung zu gewinnen hoffen, das weiß der liebe Himmel allein! Nichts als eine mehr oder weniger verabscheuenswerte Szene, den daraus folgenden Verlust alles häuslichen Friedens, ohne die wirkliche Quelle der Betrübnis auch nur im geringsten zu beeinträchtigen. Zum Glück sind wenige Gatten so verrückt, ihre kompromittierenden Dokumente bei sich zu tragen. In jedem Fall ist diese Überwachung empörend, und wo gegenseitige Achtung existiert, für deren Notwendigkeit ich schon so energisch eingetreten bin, da können solche Geschmacksverirrungen nicht vorkommen.

Um auch jenen unglücklichen Frauen gerecht zu werden, deren Mann zu ihrem großen Kummer dem Würfel oder Becher allzusehr ergeben ist, muß ich hinzufügen, daß die Frauen, wo das der Fall ist, das Recht haben, durch alle ihnen zu Gebote stehenden Mittel den Mann vom Klub fernzuhalten, der größere Gelegenheiten bietet als der Familienkreis, diesen Lastern zu frönen.

Und jetzt noch ein spezielles Wort an die Männer. An früherer Stelle erwähnte ich die Möglichkeit einer verheirateten Frau, mit einem Freund ins Theater und soupieren zu gehen. Im Londoner Leben kommt das so häufig vor, daß eine Erklärung dafür dem Eingeweihten simpel und abgeschmackt vorkommt; aber die Eingeweihten sind ein sehr kleiner Teil der Gesamtheit und da dieses Buch bescheiden für jene, die sich für die Ehe interessieren, also für j e d e n ,   d e r   e s   l e s e n   w i l l , gedacht ist, so will ich mich zugunsten der uneingeweihten Majorität ein wenig über dieses Thema verbreiten. — Eine große Zahl Männer

ließe sich's nicht im Traum einfallen, ihre Frauen a-
bends mit einem anderen Mann allein ausgehen zu
lassen. Warum, das kann ich mir nicht erklären! Denn
sie können gewiß ihre Frau und ihren Freund nicht
durch den Gedanken an irgend etwas Unschickliches
beleidigen wollen. Es entspringt das wohl den Über-
resten eines primitiven männlichen Gefühls, das sie
nicht erklären können, (in früheren Zeiten waren die
Männer noch anspruchsvoller, und nach Justinianischem Gesetz konnte ein Mann sich von seiner Frau
bloß deshalb scheiden lassen, weil sie ohne seine Ein-
willigung mit anderen Männern in den Zirkus, in die
Bäder oder zu Festmählern ging). Mir erscheint es
ebenso unvernünftig wie die Mißbilligung der Männerklubs seitens der Frauen. So wie eine vernünftige
Frau keinen Einwand gegen den Klub ihres Mannes
erhebt, so erlaubt ein gescheiter Mann seiner Frau,
wenn sie es wünscht, mit einem anderen Manne aus-
zugehen. Wenn er etwas von der weiblichen Natur
versteht — und kein Mann sollte heiraten, ehe er nicht
soweit ist — dann erkennt er, daß die Bewunderung
anderer Männer seiner Frau angenehm ist und ein
bißchen Heiterkeit eine wunderbare Wirkung auf ihre
Stimmung ausübt.

Ich erinnere mich an die Zeit, als Theodor und Amoret darüber heftig auseinandergerieten. Aber Theodor
gab nach. „Er pflegte es für sehr unrecht von mir zu
halten, daß ich ganz gern andere Männer in mich ein
bißchen verliebt sehe," sagte Amoret, „aber ich erklärte ihm, daß ich es gern habe, weil es mir ein so schö-
nes Machtgefühl gibt und dem Leben eine Würze
verleiht. Dann sagte er immer, es sei für eine verheiratete Frau sehr gefährlich, irgend eine andere Würze
im Leben zu haben als ihren Mann, und ich pflegte

ihm zu antworten, daß er eine Menge ‚Würzen' außer
mir habe, und was ich denn die langen Abende tun
solle, wo er endlos Bridge spielt. Schließlich versprach
ich, daß es mich zufriedener machen würde und fähi-
ger, die Eintönigkeit des Ehelebens zu ertragen, wenn
er mich ausgehen ließe. Darauf meinte er, es sei
schrecklich schlecht von mir, die Ehe eintönig zu finden, und sagte, seine Mutter wäre bei einer solchen
Bemerkung entsetzt gewesen. Da sagte ich ihm, es
wäre nicht gut von einer jungen Frau zu erwarten,
daß sie sich wie seine eigene Mutter benähme — und
er sagte, es wäre ihm lieber, ich würde es nicht tun.
Dann lachten wir beide, und der gute alte Junge gab
nach und sagte, daß Eberhard ein unschuldiges
Lamm sei, und daß er einmal zum Versuch mit mir
ausgehen solle. Seither bin ich mit allen Freunden ins
Theater gegangen und habe Theodor um so lieber, je
mehr ich andere Männer kennen lerne, und bin auch
viel zufriedener und heiterer." Ein Zeugnis, das für
sich selbst spricht.

Wenige Menschen scheinen die vielen Vorteile zu
kennen, die es hat, einen schweigsamen Mann zu
erwählen. Der ideale Gatte spricht wenig. Er sieht ein,
daß die Frauen das lieber selbst besorgen, und daß es
in einer glücklichen Familie nicht Platz für zwei red-
selige Personen gibt. Der geschwätzige Mann sollte
lieber eine schweigsame Frau suchen und sie s o f o r t
heiraten, wenn er sie findet. Solche Geschöpfe sind so
selten wie Kometen, und in der Regel sind sie schon
mit ebenso schweigsamen Männern verheiratet, was
wirklich ein betrübender Schnitzer der Natur ist.
Nichts ist entsetzlicher, als ein so schweigsames Paar
unterhalten zu müssen. Ein übermäßig redseliges
Paar ist dem weit vorzuziehen, da man wenigstens

ruhig zuhören und die anderen drauflosreden lassen kann.

Eine endlose Quelle von Mißhelligkeiten zwischen Eheleuten ist die Geldfrage. Die Frauen sind am Anfang oft verschwenderisch und gewöhnlich sündhaft unwissend in Geldsachen. Es ist ohne Zweifel richtig, wie Isolda sagt: „Geld (und Gesinde) zerstören die Ehe". Über das letztere traue ich mich nicht zu sprechen, aber ich weiß, daß Geldmangel, Geldversagen und unvernünftige Geldausgaben einen großen Teil der Ehekonflikte verschulden. Manche Männer scheinen zu glauben, daß ihre Frauen den Haushalt ohne Mittel führen können, und diese unglücklichen Frauen müssen schmeicheln und bitten und es sich als eine Gnade anrechnen, bevor sie die ihnen gebührende Summe erhalten. Selbst dann werden sie wie Kinder behandelt und über die Verwendung des Geldes in höchst demütigender Weise ausgefragt, als ob es Spielraum für königliche Extravaganzen böte.

Ich erinnere mich an den Fall des armen kleinen Hildebrand. Er war ein sehr junger Gatte, und sehr altmodisch erzogen worden. Eine seiner wunderlichen mittelalterlichen Vorstellungen war, daß die Frauen keine Fähigkeit zur Geldverwaltung haben, und daß man ihnen auf keinen Fall bares Geld anvertrauen könne. Ich glaube wirklich, er hätte, wenn seine Zeit es ihm erlaubte, seinen Haushalt allein geführt. Zum Glück für den Hausfrieden war das unmöglich; dennoch überwachte er den Haushalt soviel als möglich und revidierte sogar die Einschreibebücher. Natürlich verstand er nicht das geringste von ihren sonderbaren Zeichen, und bot einen komischen Anblick, wie er über den kleinen roten Büchern saß und in äußerster

Verlegenheit die Stirne runzelte. Jeden Moment wandte er sich um Aufklärung an seine Frau, die glücklicherweise einen sehr gesunden Sinn für Humor besaß. Schließlich mußte er es ihr überlassen; aber wenige Frauen hätten Valeries Geduld bei dieser sehr überflüssigen Sache gezeigt. — Freilich ist das ein extremer Fall; aber eine Menge Männer greifen in höchst aufreizender Weise in das Gebiet ihrer Frauen ein. Nach meiner Meinung ist es am besten, das ganze Wirtschaftsbudget der Frau, sowie das Budget des Bureaus oder des Vermögens dem Manne zu überlassen. Ich spreche da von Leuten mit beschränkten Mitteln. In der Regel hat ein Mann während seines Arbeitstages ganz genug mit Geldangelegenheiten zu tun und soll Ruhe vor ihnen haben, wenn er nach Hause kommt. Abends zu Hause sitzen müssen und Rechnungen revidieren, ist eine Aufgabe, die die ärgsten Eigenschaften in einem Ehegatten auslöst. Er mag als ein hingebender Liebhaber nach Hause kommen und im Schoße seiner Frau Abendblätter, Blumen und Schokolade anhäufen, beim Abendessen genial, witzig, liebevoll, reizend sein — aber reicht ihm um 10 Uhr abends einen Pack Rechnungen mit der Bemerkung, daß sie wirklich durchgesehen werden müssen, und plötzlich wird er ein wildes, brummiges, rohes, abstoßendes und lästerndes Wesen. Mag seine Bankbilanz auch noch so befriedigend sein, jede Rechnung eines seiner persönlichen Bedürfnisse und kein einziges seiner Frau betreffen — es nützt alles nichts. Rechnungen sind Rechnungen, und bei ihrem bloßen Anblick werden die Männer wild. Wenn ich zwischen dem 7. und 8. eines Monats am Vormittag zu Miranda komme, bin ich überzeugt, daß sie mir mit roten Augen und matter Stimme sagt: „Gestern abend sagte Lysander, er müsse die Rechnungen durchnehmen, natürlich hat er seither fortwährend geschimpft und geflucht, obzwar sie diesen Monat lächerlich niedrig sind." Ebenso ist es bei Isolda. „Lancelot hat gestern abend die Monatsschecks geschrieben," sagt sie, „und das Umgehen mit Rechnungen hat immer eine schreckliche Wirkung auf ihn. Es ist bei dem Ärmsten eine wahre Krankheit, und ich kann nachher nie schlafen." Und doch sind Lancelot und Lysander in jeder Hinsicht ideale Gatten.

Mein Rat an die Frauen ist daher folgender: Erledigt alle wöchentlichen und Kassazahlungen, die den Kopf der Frau belasten, kontrolliert einmal wöchentlich alle Bücher, prüfet dieselben mit jenem Grade von Sorgfalt, den der Redlichkeitsstandpunkt eurer Lieferanten erfordert. Schreibt diese Summen in ein Haushaltungsbuch ein. Am Ende des Monats, wenn alle Rechnungen drinnen sind, macht für euren Mann einen Bilanzbogen. Er wird sicher zuerst auf die Endsumme sehen, und wenn sie ihn befriedigt, nicht weiter forschen, wenn er klug ist. Dann laßt ihn einen Scheck auf die ganze Summe ausstellen, ihn in eure Bank einzahlen, und das übrige tut selbst. Die Rechnungen, die ratenweise kommen, und was sonst noch vierteljährlich eingeschickt wird, schließt in eure Monatsliste ein, und so wird euer Mann für seinen Haushalt anstatt einer Unzahl Rechnungen nur 12 Schecks im Jahre zu schreiben haben. Der fürchterliche Anfall, den er monatlich bekommt, wird so auf ein Minimum reduziert werden. Wenn er Stallungen oder einen ausgedehnten Weinkeller hat, so ordnet an, daß die Rechnungen dafür und auch alle anderen, die in das Ressort des Mannes gehören, in sein Bureau oder seinen Klub geschickt werden, mitsamt den Schneiderrechnungen und anderen für seine persönlichen Bedürfnisse. So werdet ihr nicht darunter leiden, wenn ihre Erledigung notwendig wird. Es ist eine seltsame Tatsache, daß ein Mann im Bureau wie ein Lamm dasitzt und Schecks ausstellt, während dieselbe Beschäftigung ihn zu Hause dazu bringen würde, das Dach abzuheben oder die Grundmauern zu erschüttern.

Es könnten Bände darüber geschrieben werden, wie man, obgleich verheiratet, glücklich werden kann, aber ich komme nun zum Ende. Also fassen wir zusammen. Frauen: Wenn ihr glücklich sein wollt, merkt es euch: Streicht euren Mann heraus, schmeichelt ihm diskret, lacht bei seinen Witzen, versucht nicht, seinen Klub herabzusetzen, werft ihm nie häusliche Wahrheiten an den Kopf und weint nie, nie!

Ehemänner: Liebt und bewundert eure Frauen und laßt auch andere Männer sie bewundern; greift nie in ihr Ressort ein; schreibt eure monatlichen Schecks mit freundlicher Miene; seid in Geldsachen vernünftig, wenn ihr schon nicht freigebig sein könnt und bezähmt eure Vorliebe für eure eigene Stimme!

Und ihr beiden: Seid sehr duldsam, erwartet wenig, gebt freudig, stellt die Achtung über alles, befleißigt euch der Höflichkeit und liebt einander, so sehr ihr könnt. Wenn ihr all das tut, werdet ihr sicherlich, wenn auch verheiratet, glücklich werden. Und hört auch, was Robert Burton in seinem wunderbaren Buch „Die Anatomie der Schwermut" sagt: „Hast du Mittel? Du hast keine, wenn du unverheiratet bist, um sie zu bewahren und sie zu vermehren. Hast du keine? Dann hast du welche, wenn du verheiratet bist, um dir zu helfen, sie zu bekommen. Bist du im Wohlstand, so wird dein Glück mit einer Frau nur verdoppelt; bist du in Trübsal, sie wird dich trösten und dir beistehen. Bist du zu Hause, sie wird deine Schwermut verscheuchen. Bist du fort, ihre Wünsche werden dich begleiten, und sie wird deine Heimkehr mit Freuden begrüßen. Nichts ist angenehm ohne Gesellschaft, und keine Gesellschaft ist so süß wie die der Gattin."

Ende